Dieter Cieplik
Willi Gouasé
Hans Tegen

ERLEBNIS Physik / Chemie 1

Ein Lehr- und Arbeitsbuch
5./6. Schuljahr

Schroedel

ERLEBNIS Physik/Chemie 1
5./6. Schuljahr

Herausgegeben von
Dieter Cieplik
Willi Gouasé
Hans Tegen

Bearbeitet von

Günter Brossette
H. Michael Carl
Dieter Cieplik
Michael Dahl
Willi Gouasé
Ute Jung
Horst-Dietmar Kirks

Fritz Lepold
Barbara Spies
Hans Tegen
Reiner Wagner
Reinhard Wendt-Eberhöfer
Erwin Werthebach

unter Mitarbeit der Verlagsredaktion
Iliane Kleine-Boymann

Illustrationen:
Tom Menzel
Heike Möller

Fotos:
Hans Tegen

Grundlayout und Pinnwände:
Atelier *tiger*color Tom Menzel

Umschlaggestaltung:
Cordula Hofmann

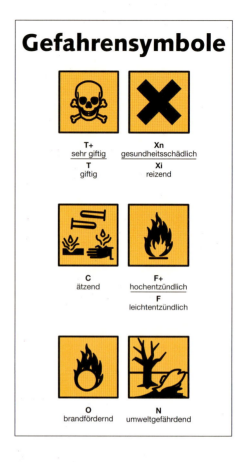

© 2001 Bildungshaus Schulbuchverlage
Westermann Schroedel Diesterweg Schöningh Winklers GmbH, Braunschweig
www.schroedel.de

Das Werk und seine Teile sind urheberrechtlich geschützt. Jede Nutzung in anderen als den gesetzlich zugelassenen Fällen bedarf der vorherigen schriftlichen Einwilligung des Verlages.
Hinweis zu § 52 a UrhG: Weder das Werk noch seine Teile dürfen ohne eine solche Einwilligung gescannt und in ein Netzwerk eingestellt werden. Dies gilt auch für Intranets von Schulen und sonstigen Bildungseinrichtungen.
Zum Zeitpunkt der Aufnahme der Verweise (Hyperlinks) auf Seiten im Internet (Websites) in dieses Werk waren die entsprechenden Websites frei von illegalen Inhalten: Wir haben keinen Einfluss auf die aktuelle/zukünftige Gestaltung sowie die Inhalte dieser Websites. Daher übernehmen wir keinerlei Verantwortung für diese Sites. Für illegale, fehlerhafte oder unvollständige Inhalte und insbesondere Schäden, die aus der Nutzung oder Nichtnutzung solcherart dargebotener Informationen entstehen, haftet allein der Anbieter der Site, auf welche verwiesen wurde.

Druck A^4 / Jahr 2009
Alle Drucke der Serie A sind im Unterricht parallel verwendbar.

Satz/Repro: O & S Satz GmbH, Hildesheim
Druck und Bindung: westermann druck GmbH, Braunschweig

ISBN 978-3-507-**76904**-5

Inhaltsverzeichnis

Werkstoffe des Menschen

1	Werkzeuge – früher und heute	6
1.1	Geräte aus alter Zeit	7
1.2	Bearbeitung von Holz	8
1.3	Stein – ein Material aus der Natur	9
	Praktikum: Führerschein für den Gasbrenner	10
1.4	Bearbeitung von Metall	12
1.5	Wärme kann Metall verformen	13
	Praktikum: Gießen eines Schlüsselanhängers	14

Auf einen Blick ... 15
Prüfe dein Wissen ... 15

Eigenschaften von Körpern und Stoffen

1	Körper im physikalischen Sinne	16
1.1	Körper sind fest, flüssig oder gasförmig	17
2	Körper werden vermessen	18
2.1	Jeder Körper hat ein Volumen	18
	Streifzug durch die Mathematik: Eine Formel für das Volumen	18
2.2	Jeder Körper hat eine Masse	20
	Pinnwand: Wägen und Waagen	21
2.3	Ist Holz schwerer als Eisen?	22
	Streifzug durch die Küche: Messbecher	23
3	Körper als Magnete	24
3.1	Sortieren mit Magneten	24
3.2	Magnete, Magnete, Magnete	25
3.3	Ein elektrischer Magnet	26
	Praktikum: Magnetkran – selbst gebaut	27
4	Magnete und ihre Wirkungen	28
4.1	Magnete mit wirkungsvollen Enden	28
4.2	Magnete wirken in den Raum	29
4.3	Magnete wirken durch Stoffe	30
4.4	Jeder Pol bekommt einen Namen	32
4.5	Pole in Wechselwirkung	33
4.6	Die Erde ist ein Magnet	34
4.7	Der Kompass weist die Nordrichtung	35
	Pinnwand: Der Kompass	36
	Streifzug durch die Geschichte: Orientierung auf der Erde	37

Gemeinsames Lernen in Projekten ... 38
Projekt: Steckbriefe von Metallen und Nichtmetallen ... 40
Projekt: Bau eines Kompasses ... 41
Auf einen Blick ... 42
Prüfe dein Wissen ... 43

Müll – ein Problem unserer Zeit

1	Wohin mit dem vielen Müll?	44
1.1	Die Tonne ist schon wieder voll!	45
1.2	Was bedeutet der grüne Punkt?	46
1.3	Der Restmüll – wohin damit?	47
2	Müll trennen und verwerten	48
2.1	Müll sortieren	48
2.2	Endlich getrennt – Müll als Rohstoff	50

Projekt: Papierherstellung ... 52

2.3	Müllverbrennungsanlage	54

Auf einen Blick ... 55
Prüfe dein Wissen ... 55

3

Inhaltsverzeichnis

Temperatur und Wärme

1	**Heiß und kalt**	56
1.1	Empfinden von Temperaturen	57
1.2	Messen von Temperaturen	58
	Praktikum: Thermometer – selbst gebaut	59

2	**Wärme ist Energie**	60
2.1	Wärmequellen	60

Projekt: Energiesparen in Haushalt und Schule ... 62

3	**Ausdehnung durch Wärme**	64
3.1	Volumenänderung bei Flüssigkeiten	64
3.2	Eine geniale Idee – 2 Fixpunkte und 99 Striche	65
3.3	Messwerte anschaulich darstellen	66
	Pinnwand: Verschiedene Thermometer	67
3.4	Wasser verhält sich anders	68
	Pinnwand: Auswirkungen der Anomalie	69

4	**Erwärmen fester Gegenstände**	70
4.1	Gegenstände dehnen sich aus	70
4.2	Messen der Ausdehnung	71
	Pinnwand: Längenausdehnung in der Technik	72
4.3	Zwei Metalle werden erwärmt	74
4.4	Bimetall im technischen Einsatz	75

5	**Volumenänderung bei Gasen**	76
5.1	Ausdehnung beim Erwärmen	76
	Praktikum: Fahren mit erwärmter Luft	77

6	**Fest, flüssig, gasförmig**	78
6.1	Wasser begegnet uns in drei Aggregatzuständen	78
6.2	Schmelzen und Erstarren	79
6.3	Verdampfen und Kondensieren	80
	Streifzug durch die Mikrowelt: Die Aggregatzustände lassen sich mit dem Teilchenmodell erklären	81

Projekt: Von der Wetterbeobachtung zur Wettervorhersage ... 82
Auf einen Blick ... 84
Prüfe dein Wissen ... 85

Wärme transportieren und speichern

1	**Wärmeverlust durch Energielecks**	86
1.1	Von der Feuerstelle zur Zentralheizung	87
1.2	Die Zentralheizung	88
1.3	Die Arten des Wärmetransports	89

2	**Wärme – bewegt und unbewegt**	90
2.1	Wärmedämmung bei Häusern	90
	Praktikum: Schlechte oder gute Wärmedämmung?	91
2.2	Menschen frieren und schwitzen	92
	Pinnwand: Schutz durch Kleidung	93
2.3	Wärme wird gespeichert	94
2.4	Energie wird verzögert abgegeben	95
	Streifzug durch die Küche: Kochen, Braten, Backen, Kühlen	96

Projekt: Wärmedämmung ... 98
Auf einen Blick ... 100
Prüfe dein Wissen ... 101

Stoffgemische und Trennverfahren

1	**Vom Rohsalz zum Kochsalz**	102
1.1	Reinigung von Steinsalz	103
1.2	Dekantieren und Filtrieren	104
1.3	Gewinnung von reinem Kochsalz	105
	Pinnwand: Trennverfahren im Alltag	106
	Praktikum: Kristalle züchten	107
	Streifzug durch die Technik: Einkristalle aus Silicium	107

1.4	Kochsalz – lebenswichtig oder gesundheitsschädlich? 108		**2**	**Trennverfahren für schwierige Fälle** 116	
			2.1	Die Papierchromatographie 116	
	Streifzug durch die Technik: Wer braucht das viele Salz? 109			*Praktikum:* Chromatographie von Lebensmittelfarben 117	
	Streifzug durch die Geschichte: Salz, das „weiße Gold" 109			*Streifzug durch die Kriminaltechnik:* Dem Fälscher auf der Spur 118	
	Pinnwand: Salzgewinnung 110			*Streifzug durch die Technik:*	
	Streifzug durch die Geschichte: Lüneburger Heide 111		2.2	Wie Kochgeruch verschwindet . . . . 118 Das Extrahieren –	
1.5	Destillation – Trinkwasser aus Salzwasser? . . 112			ein besonderes Trennverfahren 119	
1.6	Filtrieren und Destillieren von Tinte 114				
	Streifzug durch die Technik: Vom Wein zum Branntwein 114			**Auf einen Blick** . . . . 120 **Prüfe dein Wissen** 121	
	Pinnwand: Destillation 115				

			1.3	Blei aus Bleierz 125
				Pinnwand: Kupfer und Blei 126
			Auf einen Blick . . . . 127 **Prüfe dein Wissen** 127	

Boden

Projekt: 30 cm von denen wir leben 128

1	**Woher kommen die Metalle?** 122	**Lösungen für „Prüfe dein Wissen"** 132
1.1	Kupfer, das älteste Gebrauchsmetall 123	**Stichwortverzeichnis** 137
1.2	Kupfer aus Kupfererz 124	**Bildquellenverzeichnis** 139

Hier findest du zusätzlich Bilder und Informationen zum jeweiligen Thema und Aufgaben, die du selbstständig bearbeiten und lösen kannst.

Hier findest du weitere Informationen zu Themen, die in anderen Bereichen und Fächern von großer Bedeutung sind.

Hier findest du Versuche, Aufträge und Bastelanleitungen, die du selbständig oder mit deinen Mitschülerinnen und Mitschülern ausführen kannst.

Ein Projektthema wird in mehrere Aufträge unterteilt. Eine Gruppe bearbeitet jeweils einen Auftrag. Am Ende stellt jede Gruppe ihre Ergebnisse vor.

Hier findest du die Inhalte des Kapitels in kurzer und übersichtlicher Form dargestellt.

Hier findest du vielfältige Aufgaben zum Wiederholen und Vertiefen der Inhalte des Kapitels. Die Lösungen stehen am Ende des Buches.

Werkstoffe des Menschen

1 Werkzeuge – früher und heute

Das tägliche Brot war schon immer ein Grundnahrungsmittel für die Menschen. Aber wie mühsam war in der Frühzeit der Menschheit die Ernte des Getreides. Die Getreidesorten waren noch nicht sehr ertragreich und das Getreide musste unter großen Anstrengungen mit Holzsicheln geschnitten werden. Die Sicheln waren mit Steinklingen besetzt, die schnell stumpf wurden oder abbrachen. Die geernteten Mengen waren sehr gering.
Ganz anders geht es heute bei der Getreideernte auf den Feldern zu. Mit Mähdreschern werden riesige Felder in kürzester Zeit abgeerntet. Ohne körperliche Anstrengungen stehen so die großen Mengen Getreide zur Verfügung, die für die Versorgung der Menschen nötig sind.

Das Getreide muss zu Mehl verarbeitet werden. In der Frühzeit wurde das Getreide in einer Steinschale mit einem runden Stein zerquetscht. Die Spelzen wurden ausgesucht. Heute wird das Getreide in modernen Mühlen gemahlen. Der Mensch kontrolliert dabei nur noch die Maschinen.

Werkstoffe des Menschen

1.1 Geräte aus alter Zeit

Die ersten Materialien, die den Menschen schon sehr früh zur Verfügung standen, waren Holz, Stein, Knochen und Ton. Sie stellten daraus Gefäße, Werkzeuge und Waffen her.

Die Bearbeitung dieser Materialien war schwierig und dauerte lange. Aus einem Stück Feuerstein eine Steinaxt herzustellen erforderte viel Zeit und Geschick. Das Loch für den Stiel wurde mit einem Knochen, Wasser und Sand in den Stein gebohrt.

Töpfe und Gefäße wurden aus Ton angefertigt. Sie dienten als Schüsseln für Lebensmittel und wurden zur Aufbewahrung von Vorräten und Saatgut für das nächste Jahr benutzt.
Aber erst nach dem Brennen waren die Tongefäße so haltbar, dass Vorräte über einen längeren Zeitraum in ihnen gelagert werden konnten.

Auch Geräte für die Jagd und den Fischfang wurden aus den Materialien hergestellt, die die Menschen in der Natur vorfanden. Knochen und Fischgräten konnten als Angelhaken benutzt werden. Für die Jagd wurden Speer- und Pfeilspitzen aus Feuerstein angefertigt. Pfeile und Speere mit Steinspitzen wurden außer zur Jagd auch bei kriegerischen Auseinandersetzungen benutzt.

Holz spielte zu jeder Zeit als Bau- und Heizmaterial eine große Rolle.

> Holz, Stein, Knochen und Ton waren die ersten Materialien, die den Menschen schon in frühester Zeit zur Verfügung standen.

1 Wo wird auch heute noch Holz als Baumaterial verwendet?

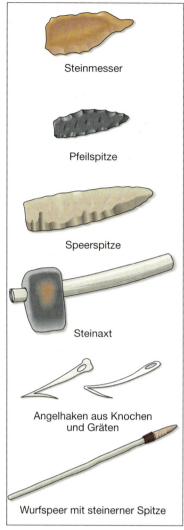

1 Verschiedene Gegenstände aus der Steinzeit

2 Schmuck aus Speckstein

V1 a) Fertige aus einem Klumpen Ton drei kleine Gefäße an. Sie sollen möglichst dünnwandig sein. Stelle sie zum Trocknen in einen nicht zu warmen Raum.
b) Überprüfe nach drei Wochen an einem Gefäß, ob es sich mit den Händen zerbrechen lässt. Beschreibe seine Festigkeit.

V2 a) Lass dir die beiden anderen Gefäße aus V 1 brennen.
b) Ziehe Handschuhe an und setze eine Schutzbrille auf. Wiederhole mit einem Gefäß V 1 b).
c) Fülle das zweite gebrannte Gefäß mit Wasser. Was kannst du nach einiger Zeit an dem Tongefäß beobachten?

A3 Überlege, für welche Zwecke gebrannte Schüsseln verwendet werden können. Was kann in ihnen nicht aufbewahrt werden?

V4 Stelle durch gegenseitiges Ritzen die Härte von Kalkstein, Feuerstein und Speckstein fest. Dabei ritzt immer der härtere den weicheren Stein. Aus welcher Gesteinsart würdest du die Klinge für ein Messer herstellen?

V5 a) Bohre mit einem runden Holzstab ein Loch durch ein dünnes Stück Speckstein. Drehe dabei den Holzstab zwischen deinen Handflächen.
b) Wiederhole a), benutze einen Bogen mit einer Sehne. Wickle die Sehne einmal um den Holzstab und bewege den Bogen wie eine Säge hin und her. Stülpe eine alte Tasse auf den Holzstab und halte ihn damit fest.
c) Wiederhole b), streue auf die Bohrstelle und später in das Bohrloch etwas feinen Sand.
d) Vergleiche den Zeitaufwand bei den Verfahren in a) bis c).

A6 Fertige aus einem dünnen Stück Speckstein eine runde Scheibe an. Bearbeite sie so, dass sie zum Rand hin dünner wird. Verziere sie strahlenförmig und bohre in die Mitte ein Loch. An einem Lederriemen kannst du sie jetzt um den Hals tragen.

Werkstoffe des Menschen

> Arbeite mit spanabhebenden Werkzeugen immer so, dass die Klinge oder die Schneide von deinem Körper und deiner haltenden Hand weg zeigt. Arbeite nie auf deinen Körper zu. Achte auch auf umstehende Personen. Spanne das Werkstück stets fest ein.

1.2 Bearbeitung von Holz

Schon frühzeitig bauten sich die Menschen Unterkünfte aus Tierfellen, die über ein Holzgestell gespannt wurden. Dafür mussten die Hölzer bearbeitet werden. Die Menschen entwickelten sowohl handwerkliche Fähigkeiten als auch Werkzeuge und Verfahren, die das Bearbeiten von Holz ermöglichten.

So wurden Holzstangen mit einer Steinaxt, später mit einem Metallbeil angespitzt, damit sie sich in die Erde rammen ließen. Das Bearbeiten der Pfähle war mühsam, denn Span für Span musste der Pfahl in die gewünschte Form gebracht werden.

Auch mit den heutigen Werkzeugen zur Holzbearbeitung wird noch auf die gleiche Weise gearbeitet. Die Werkzeuge heben Span für Span ab und geben dem Holz eine bestimmte Form. Werkzeuge für die Holzbearbeitung sind das Messer, das Beil, die Säge und der Hobel. Auch ein Bohrer holt aus dem Holz Späne heraus.

Wenn die Holzteile besonders glatt und schön werden sollen, werden sie nach dem Sägen oder Hobeln mit Schleifpapier bearbeitet. Die Oberflächen von Schleifpapier unterscheiden sich in ihrer Körnung. Diese kann grob oder fein sein. Grobes Schleifpapier wird nach dem Sägen zum Brechen der Kanten und zum Grobschleifen verwendet. Mit feinem Schleifpapier wird nachgeschliffen und poliert.

V 1 a) Säge 6 Holzleisten (2 cm x 2 cm) auf eine Länge von 30 cm. Schleife die Holzleisten und die Schnittkanten mit Schleifpapier glatt.
b) Verbinde 2 Leisten rechtwinklig miteinander. Säge sie dazu jeweils in einem Abstand von 2 cm vom Ende senkrecht bis zur Hälfte ein. Entferne wie in Bild 1 bei jeder Leiste das Holz vorsichtig Span für Span mit einem Stecheisen, bis du das Leistenende auf halbe Stärke gebracht hast. Verleime die beiden Leisten zu einer Überblattung. Benutze zum Ausrichten einen Winkel.

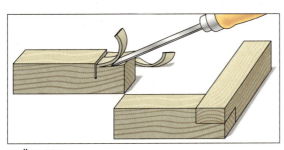

1 Überblattung

V 2 Bereite wie in V 1 b) vier Holzleisten mit einer Länge von 15 cm vor. Diesmal müssen beide Enden überblattet werden. Verleime sie zu einem Bilderrahmen. Durchbohre die verleimten Flächen mit einem Handbohrer. Stecke zur Verzierung passende Dübelhölzer in die Bohrungen.

V 3 Zeichne auf ein 8 cm x 12 cm großes Brett aus Linden- oder Pappelholz (2 cm dick) die Anfangsbuchstaben deines Namens. Arbeite mit einem Hohleisen (8 mm bis 10 mm breit) und einem Schlägel diese Buchstaben aus dem Holz heraus (Bild 2).

> Bei der Bearbeitung von Holz werden mit verschiedenen Werkzeugen Späne abgehoben, um dem Werkstück die gewünschte Form zu geben.

1 Zähle Werkzeuge auf, die bei der Holzbearbeitung Späne abheben.
2 Bei welchen Werkzeugen zur Holzbearbeitung werden keine Späne abgehoben?

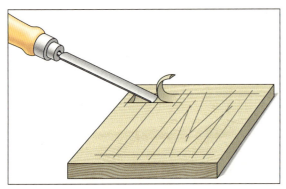

2 Schnitzarbeit

3 Verschiedene Werkzeuge zur Holzbearbeitung

Werkstoffe des Menschen

1.3 Stein – ein Material aus der Natur

Ebenso wie Holz ist Stein ein Material, das die Natur in vielfältiger Form dem Menschen zur Verfügung stellt.

Gestein wird in Steinbrüchen abgebaut. Dabei bestimmt der Verwendungszweck, wie das Gestein abgebaut wird. Es kann aus dem Berg herausgesprengt werden oder es wird in Blöcken aus dem Berg gesägt.
Danach wird das Gestein je nach Bedarf in eine bestimmte Form gebracht, wobei die Bearbeitung von Naturgestein schwierig und aufwändig ist.

Die in der Natur vorkommenden Gesteinsarten sind unterschiedlich hart. Daraus ergeben sich die verschiedenen Verwendungsmöglichkeiten.
Eine Gesteinsart, der *Basalt*, ist besonders hart. Aus ihm werden Pflastersteine für den Straßenbau hergestellt. Außerdem wird er noch für Ufer- und Küstenbefestigungen verwendet.
Eine andere Gesteinsart, der *Tuffstein*, ist dagegen weich und lässt sich gut bearbeiten. Er wird hauptsächlich für den Hausbau eingesetzt.

Marmor – ein edler Baustoff

Marmor ist eine besondere Form von Kalkstein. Er ist ein edles Baumaterial. Marmor ist hart und lässt sich gut schleifen und polieren.
Auch die schönen Farben und die Maserungen machen ihn zu einem beliebten Baustoff. So wird er für Fensterbänke, Bodenbeläge, Wandvertäfelungen und Treppenstufen verwendet.

> Steine sind wichtige Naturbaustoffe. Sie unterscheiden sich in Härte, Farbe und Verwendbarkeit.

1 Informiere dich über weitere natürliche Gesteinsarten, die als Baustoffe Verwendung finden.
2 Nenne Baustoffe, die nicht in der Natur vorkommen, aber wie natürliche Steine benutzt werden.
3 Informiere dich darüber, wie Gestein weiterverarbeitet wird, das aus dem Berg gesprengt wurde.

V1 Setze eine Schutzbrille auf und ziehe Arbeitshandschuhe an.
a) Schlage mit einem Hammer ein kleines Stück von einem Kieselstein ab und betrachte das Bruchstück. Vergleiche die Bruchkanten mit der Klinge eines Steinzeitmessers.
b) Ritze mit dem Steinstück aus a) verschiedene Materialien. Beschädige bei den Versuchen keine wertvollen Gegenstände. Fasse die Ergebnisse in einer Tabelle zusammen.

Material	von Kieselstein ritzbar	nicht ritzbar
Holz	X	
Asphalt		
Eisen		
Aluminium		
Glas		
Marmor		

A2 Welche Materialien aus der Tabelle sind härter, welche weicher als Kieselstein? Ordne sie in einer Liste der Härte nach.

1 Marmorabbau in Carrara, Italien

V3 Schlage mit einem Hammer ein Stück von einem Kalksandstein ab. Betrachte auch hier die Bruchkanten. Vergleiche sie mit den Bruchkanten des Kieselsteins. Was stellst du fest?
V4 Gieße ein paar Tropfen verdünnte Salzsäure auf ein Bruchstück von glatt poliertem Marmor. Lass die Säure eine halbe Stunde auf den Marmor einwirken. Spüle das Marmorstück mit Wasser ab und beschreibe den Zustand der Marmorfläche.
V5 Wiederhole V4 mit einem Stück poliertem Granit. Beschreibe auch hier den Zustand der Granitfläche nach dem Versuch.
V6 Der Baustoff Ytong® lässt sich mit Hammer und Meißel bearbeiten. Er lässt sich auch sägen, bohren, schaben und schleifen. *Vorsicht:* Bearbeite Ytong® nur im Freien, da dieses Material sehr stark staubt. Stelle aus diesem Baustoff eine Figur oder eine Maske her.
V7 Schleife ein Stück Ytong® zuerst mit grobem, dann mit feinem Schleifpapier. Vergleiche die geschliffene Fläche mit poliertem Marmor.

Werkstoffe des Menschen

Praktikum: Führerschein für den Gasbrenner

Im naturwissenschaftlichen Unterricht wirst du häufig Versuche durchführen, bei denen Stoffe erhitzt werden. Für diese Versuche werden Gasbrenner für Erdgas oder Propangas verwendet. Damit du mit diesen Brennern gefahrlos umgehen kannst, musst du bestimmte Regeln beachten:

Vorbereitung

1. Stelle den Gasbrenner kippsicher auf eine feuerfeste Unterlage.
2. Schließe den Gasschlauch des Brenners an die Gaszuleitung des Tisches an.
3. Schließe die Gas- und Luftzufuhr des Brenners.

Achtung: Binde lange Haare zusammen und trage immer eine Schutzbrille.

Inbetriebnahme

4. Öffne zuerst die Gaszufuhr am Brenner und dann das Ventil an der Gaszuleitung. Entzünde das ausströmende Gas. Arbeite dabei zügig, aber ohne Hektik!
5. Verändere die Höhe der Gasflamme mit der Gasregulierschraube am Brenner.
6. Öffne dann die Luftzufuhr, bis du eine blaue Flamme erhältst.

Einstellung des Brenners

Die Höhe der Brennerflamme soll der Breite deiner Hand entsprechen.
Arbeite nur mit der blauen, aber noch nicht rauschenden Brennerflamme.

Achtung: Der Gasbrenner darf während der Arbeit nicht unbeaufsichtigt bleiben.

1 Der Gasbrenner für Erdgas oder Propangas

V 1 Untersuchung der Brennerflamme

Die Flamme besteht aus einem inneren, hellblauen und einem äußeren, dunkelblauen Kegel. Untersuche mithilfe eines Magnesiastäbchens die beiden Flammenkegel. Halte das Stäbchen zunächst einige Zeit ruhig in den inneren Kegel. Ziehe es dann langsam von unten nach oben durch die Flamme. Beschreibe jeweils, was mit dem Magnesiastäbchen passiert. Wo ist die heißeste Zone der Flamme? Achte besonders auf die Ränder der Flamme und auf den Übergang vom inneren zum äußeren Flammenkegel.

V 2 Schmelzen von Glas

Halte ein 30 cm langes Glasrohr an beiden Enden fest und erhitze die Mitte oberhalb des inneren Flammenkegels. Drehe dabei ständig das Glasrohr. Sobald das Glas anfängt weich zu werden, ziehe beide Enden außerhalb der Flamme zügig auseinander.

Schmelze ein weiteres Glasrohr an einem Ende zu. Drehe es dabei und erhitze das Ende so lange, bis das Glas rot glühend ist. Nimm es dann aus der Flamme, blase in das andere Ende hinein und versuche so eine Glaskugel herzustellen.

Achtung: Stelle das Gas nach Beendigung der Arbeit an der Gaszuleitung ab.

Werkstoffe des Menschen

Der Kartuschenbrenner

Ein anderer Gasbrenner, der sehr oft Verwendung findet, ist der Kartuschenbrenner. Er wird mit Butangas betrieben, das in einem Metallbehälter, der Kartusche, flüssig ist und als Gas austritt.

2 Der Kartuschenbrenner für Butangas

Achtung: Nicht verwenden bei Experimenten mit brennbaren Materialien.

Beim Kartuschenbrenner muss besonders gut darauf geachtet werden, dass er senkrecht und kippsicher auf einer feuerfesten Unterlage steht.
Vor dem Anzünden des Gases wird beim Kartuschenbrenner die Luftzufuhr leicht geöffnet. Erst danach wird das Gasventil geöffnet. Das ausströmende Gas-Luft-Gemisch muss sofort entzündet werden. Auch hier gilt: Arbeite zügig, aber ohne Hektik!
Butangas ist schwerer als Luft und fließt deshalb beim Ausströmen nach unten. Wird das Gas nicht sofort entzündet, sammelt sich das schwere Butangas auf der Tischplatte. Beim Anzünden des Gases kann es dann zu einer Stichflamme kommen.

A 3 Regeln für das Erhitzen von Stoffen im Reagenzglas

1. Fülle das Reagenzglas immer nur zu einem Drittel.
2. Gib bei Flüssigkeiten ein Siedesteinchen hinein.
3. Halte das Reagenzglas mit einer Klammer an seinem oberen Ende fest und halte es immer schräg in die klein eingestellte Flamme.
4. Beginne immer mit dem Erhitzen in Höhe des Flüssigkeitsspiegels. Schüttle dabei das Reagenzglas leicht, damit der Inhalt gleichmäßig erwärmt wird.
5. Richte die Reagenzglasöffnung niemals auf dich oder andere Personen.

V 4 Schmelzen von Kerzenwachs

Fülle ein Reagenzglas 5 cm hoch mit Kerzenwachs. Halte das Reagenzglas schräg in die Flamme und erhitze zunächst den oberen Teil des Wachses so lange, bis es geschmolzen ist. Ist dies geschehen, erwärme den restlichen Teil des Wachses. Beende den Vorgang, sobald alles Wachs flüssig geworden ist.

V 5 Erhitzen von Wasser

Fülle ein Reagenzglas zu einem Drittel mit Wasser. Gib ein Siedesteinchen hinein. Beginne mit dem Erhitzen in Höhe des Flüssigkeitsspiegels. Halte das Reagenzglas schräg in die Flamme und schüttle es dabei leicht hin und her. Beende den Versuch, sobald alles Wasser siedet.

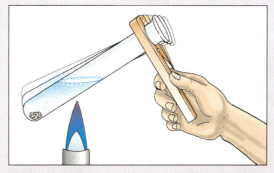

3 Richtiger Umgang mit Brenner und Reagenzglas

Denke daran: Alle Geräte werden nach dem Experimentieren gereinigt. Der Arbeitsplatz wird sauber und aufgeräumt verlassen.

Werkstoffe des Menschen

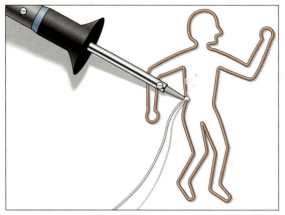

1 Figur aus Kupferdraht

2 Gegenstände aus Metall

V1 Biege aus einem dünnen, blanken Kupferdraht eine Figur. Verlöte die beiden Enden miteinander. Achte darauf, dass die beiden Drahtenden gleichzeitig und lange genug erwärmt werden. Gib erst dann das verbindende Lot hinzu. Halte die Lötstelle ruhig, bis das Lot fest ist. *Vorsicht:* Die Lötstelle ist zunächst noch heiß.
V2 Schneide aus Kupferblech eine runde Scheibe mit einem Durchmesser von 10 cm. Halte sie bis zum Glühen in die Brennerflamme, anschließend unter kaltes Wasser. Durch dieses Verfahren wird das Material weicher. Forme nun das Kupferblech mit einem Treibhammer in einen Treibklotz. Poliere die so entstandene Schale und löte als Fuß einen Streifen Kupferblech an ihr fest. Glätte die Schnittkanten mit einer Feile.
V3 Schneide aus Aluminiumblech einen Streifen von 5 cm x 20 cm. Bearbeite die Schnittkanten mit einer Feile, runde die Enden ab. Zeichne auf den Metallstreifen Muster und Ornamente. Arbeite diese mit einem Stahlnagel oder Stichel und einem Hammer vorsichtig aus dem Aluminium heraus. Biege den Streifen zu einem Armreifen.

1.4 Bearbeitung von Metall

Kupfer ist das Metall, das den Menschen am längsten bekannt ist. Aus ihm wurden schon am Ende der Steinzeit Waffen, Werkzeuge und Schmuck hergestellt. Kupfer kann durch Sägen, Schneiden, Feilen und Bohren bearbeitet werden. Außerdem kann es durch Biegen, Walzen und Ziehen verformt werden.
Verbindungen zwischen einzelnen Kupferteilen lassen sich leicht durch **Löten** herstellen. Das Lötzinn verbindet dabei die Kupferteile.

Eine weitere alte Bearbeitungstechnik von Metall ist das **Treiben.** Dabei wird zum Beispiel weiches Kupferblech so gehämmert, dass es sich einer vorgegebenen Form anpasst. Mit dieser Technik können Kupfergefäße hergestellt werden. Im Kunsthandwerk werden auf diese Weise auch aus Silber und Gold Schmuckstücke und Gefäße angefertigt.

Andere Metalle wie Stahl lassen sich walzen und ziehen. So entstehen zum Beispiel Stahlbleche für Autokarosserien und Konservendosen. Der Schmied nutzt die Möglichkeit, Stahl durch Erwärmen weich und verformbar zu machen, um das Werkstück dann zu bearbeiten.

> Metalle lassen sich mit spanabhebenden Werkzeugen sägen, feilen, schleifen und bohren. Durch Biegen, Ziehen, Treiben, Schmieden und Walzen lassen sich Metalle verformen.

3 Verschiedene Werkzeuge zur Metallbearbeitung

1 Zähle fünf Metallgegenstände auf und benenne das Metall, aus dem sie hergestellt sind.
2 Welche Arten der Metallbearbeitung werden im Karosseriebau angewandt?

Werkstoffe des Menschen

1.5 Wärme kann Metall verformen

Ein Beispiel für das Verarbeiten von flüssigem Metall kennst du schon, das Löten. Die Temperatur der Lötkolbenspitze reicht aus, um das Lötzinn zu verflüssigen. Mit dem flüssigen Zinn kann eine Verbindung hergestellt werden. Wird der Lötkolben entfernt, kühlt das Lötzinn ab und wird fest.

Eine weitere Möglichkeit, Metalle zu verarbeiten, ist das **Gießen.** Dabei wird das Metall so weit erhitzt, bis es flüssig wird. Das flüssige Metall wird in Formen gegossen. Nach dem Erstarren wird die Gießform entfernt und das gewünschte Metallstück ist fertig. So wird Gold bei 1063 °C verflüssigt und in Barrenformen oder andere Formen gegossen. Beim Erkalten erstarrt es.

Auch bei der Herstellung von großen Werkstücken wird das Gießverfahren angewendet. So werden zum Beispiel Motorblöcke für Pkw- und Lkw-Motoren, aber auch für Bagger- und Schiffsmotoren hergestellt.

V1 Gib einige Zinnstücke in einen Metalltiegel und halte ihn über die Brennerflamme. Gieße die Schmelze in kaltes Wasser. Versuche die Gebilde zu deuten.
V2 Schmilz das erstarrte Zinn erneut und gieße es in ein Porzellanschiffchen. Nimm es nach dem Abkühlen heraus. Welche Form hat es?
V3 Überprüfe die Eigenschaften des Zinnstückes.
a) Versuche es zu verbiegen.
b) Lässt es sich mit einem Stahlnagel ritzen?
c) Lässt sich das Zinn in kaltem Zustand schwer oder leicht schmieden? Benutze eine feste Unterlage.
d) Was kannst du über die Härte des Zinns sagen?
V4 Drücke ein großes Gummibärchen in feuchten Sand oder Formsand. Lass den Sand vollständig trocknen und achte darauf, dass die eingedrückte Form nicht zerstört wird. Gieße flüssiges Zinn in diese Form. Wenn das Zinn vollständig erkaltet ist, kannst du die Zinnfigur herausnehmen. Welche Form hat sie?

1 Ein Zylinderkopf wird gegossen.

Ein Gießverfahren kennst du vielleicht schon vom Jahreswechsel her – das Bleigießen. Anstelle von Blei wird heute Zinn verwendet. Zinn schmilzt schon bei 232 °C und ist ungiftig. Über einer Kerzenflamme wird es verflüssigt. Das flüssige Metall wird in kaltes Wasser gegossen und erstarrt zu interessanten Gebilden. Zinn kann aber auch in Formen gegossen werden. So entstehen zum Beispiel Zinnfiguren.

> Metalle werden zum Gießen erhitzt. Dadurch werden sie flüssig und können in Formen gegossen werden.

1 Warum ist Zinn für das Gießen von Figuren besonders geeignet?
2 Wie kann Gold zu Barren gegossen werden?

2 Gießen einer Zinnfigur

Werkstoffe des Menschen

Praktikum — Gießen eines Schlüsselanhängers

Um einen Schlüsselanhänger gießen zu können, musst du zuerst eine Gießform herstellen. Als Gießmaterial verwendest du Stangenlötzinn.

Materialliste:
Holzleisten (10 mm x 10 mm), Presspappe, Nägel, Kupferdraht, Gips, Stangenlötzinn;
Lötkolben, Metalltiegel, Bohrer

1. Herstellen der Gießform
Säge zwei Leisten von 12 cm und zwei Leisten von 10 cm Länge. Nagle die Presspappe so auf die Leisten, dass ein flacher Kasten entsteht.

2. Anfertigen des Stempels
Fertige aus dem Kupferdraht einen Stempel für den Anfangsbuchstaben deines Vornamens an. Biege dazu den Draht so, dass er dem gewünschten Buchstaben entspricht. Löte die Enden zusammen.
Löte zusätzlich einen Bügel als Griff an den Buchstaben wie in Bild 1 B. Bei einigen Buchstaben müssen Verbindungsstege eingelötet werden.

3. Ausgießen der Form
Rühre in einem Becher Gips an. Wähle die Mischung Gips-Wasser so, dass sie noch etwas fließt. Gieße sie in deine Form und streiche sie über die Leisten glatt. Drücke nach etwa 3 Minuten den Stempel immer an der gleichen Stelle mehrmals in die Gipsfläche bis auf den Boden. Die Form des Buchstabes muss deutlich sichtbar werden. Lass jetzt die Gipsform mehrere Tage gut trocknen.

4. Gießen des Schlüsselanhängers
Entferne vorsichtig den Gips innen zwischen den Rändern des Buchstabens. Die Innenflächen der Gießform müssen anschließend glatt geschnitten werden.
Schmilz in einem Metalltiegel oder einem Schmelzlöffel so viel Stangenlötzinn, wie du zum Gießen deines Buchstabens benötigst. Gieße das Zinn in die Buchstabenform. Warte, bis es völlig ausgekühlt ist. Hole den Zinnbuchstaben vorsichtig aus der Gipsform und glätte seine Kanten.
Bohre ein Loch durch den Buchstaben und ziehe einen Schlüsselring hindurch.

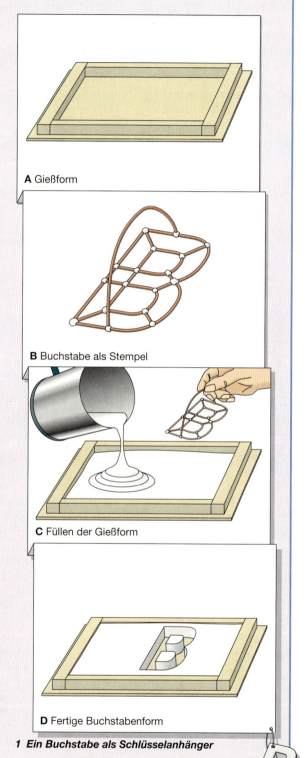

A Gießform
B Buchstabe als Stempel
C Füllen der Gießform
D Fertige Buchstabenform

1 Ein Buchstabe als Schlüsselanhänger

Werkstoffe des Menschen

Auf einen Blick

1. Stein, Holz, Ton und Knochen waren die ersten Werkstoffe, die den Menschen zur Verfügung standen.

2. Fast alle Werkzeuge für die Bearbeitung von Holz, Stein und Metall sind spanabhebende Werkzeuge.

3. Spanabhebende Werkzeuge geben dem Werkstück die gewünschte oder notwendige Form.

4. Steine sind schon früh als Baustoffe für den Hausbau eingesetzt worden. Die Bearbeitung von Stein ist schwierig und braucht viel Zeit und Kraft.

5. Natürlich vorkommende Steine unterscheiden sich in der Farbe und in der Härte. Sie werden für verschiedene Zwecke eingesetzt.

6. Marmor ist ein Naturbaustoff. Er wird wegen seiner Maserung und seiner Farbvielfalt für Fensterbänke, Wandvertäfelungen und als Bodenbelag verwendet.

7. Metalle können außer mit spanabhebenden Werkzeugen auch durch Gießen, Treiben, Ziehen, Walzen und Schmieden verformt werden.

8. Beim Gießen werden die Metalle erhitzt. Dadurch werden sie flüssig und können in eine Form gegossen werden. Nach dem Erstarren hat das Werkstück die gewünschte Form.

9. Das Metall Zinn eignet sich besonders gut zum Gießen, weil es schon bei einer Temperatur von 232 °C schmilzt.

Werkstoffe des Menschen

Prüfe dein Wissen

1 Nenne wichtige Werkstoffe des Menschen.

2 Nenne Verhaltensregeln beim Arbeiten mit spanabhebenden Werkzeugen.

3 Zähle fünf spanabhebende Werkzeuge für die Holzbearbeitung auf.

4 a) Warum wird Holz mit Schleifpapier bearbeitet?
b) Worin unterscheiden sich verschiedene Sorten Schleifpapier? Wozu werden sie eingesetzt?

5 Warum wird Basalt im Straßenbau eingesetzt?

6 Wofür kann ein Naturgestein verwendet werden, das bei seinem Abbau aus dem Berg gesprengt wurde?

7 a) Wozu wird der Baustoff Marmor verwendet?
b) Welche Eigenschaften werden bei Marmor besonders geschätzt?

8 Zähle drei Materialien auf, die härter sind und drei Materialien, die weicher sind als Kieselstein.

9 Worin unterscheidet sich eine geschliffene Ytong®-Fläche von einer polierten Marmorfläche?

10 Zähle vier spanabhebende Werkzeuge für die Metallbearbeitung auf.

11 Nenne Verfahren zur Metallbearbeitung, die nicht mit spanabhebenden Werkzeugen durchgeführt werden.

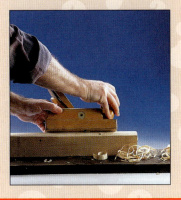

Eigenschaften von Körpern und Stoffen

1 Körper im physikalischen Sinne

Einen Körper kannst du schon auf den ersten Blick auf dem Bild erkennen: den Taucher. Es sind aber noch viel mehr Körper abgebildet. Da sind die Steine und Pflanzen am Grund des Meeres, die Flasche auf dem Rücken des Tauchers und die Häuser am Strand. Ja, sogar das Wasser im Meer und die Luftblasen, die am Mundstück des Tauchers entweichen, sind Körper.

Das Wort **Körper** wird in der Physik immer dann gebraucht, wenn Gegenstände gemeint sind, die aus Stoffen wie Holz, Stein, Eisen, Wasser oder Luft bestehen und die gegenüber ihrer Umgebung abgegrenzt sind. Das Wort Körper bezeichnet also nicht nur lebendige Körper, sondern es wird für viel mehr Dinge benutzt, als du es bisher getan hast.

Eigenschaften von Körpern und Stoffen

1.1 Körper sind fest, flüssig oder gasförmig

Eine Lampe wie auf dem Bild 1 ist doch wirklich eindrucksvoll. Sie gibt ein stimmungsvolles Licht. Eine Kette silbrig leuchtender Luftblasen steigt im Wasser nach oben, wo die Blasen leise zerplatzen.

Diese Lampe ist aber auch interessant, wenn du sie physikalisch betrachtest. Hier kannst du drei Arten von Körpern gleichzeitig sehen.

Da ist zunächst das Gefäß aus Glas. Wenn du dagegen klopfst, spürst du, dass es ein **fester Körper** ist.

Einen festen Körper kannst du verschieben oder hochheben. Du kannst aber nicht durch ihn hindurchgreifen oder hindurchgehen. Er hat immer eine ganz bestimmte Form, die sich nicht verändert.

Das in dem Gefäß eingeschlossene Wasser ist ein **flüssiger Körper**.

Einen flüssigen Körper kannst du nur hochheben, wenn du das Gefäß hochhebst. Du kannst hineingreifen, wobei der flüssige Körper der Hand Platz macht. Du kannst ihn von einem Gefäß in ein anderes umgießen. Dabei nimmt er die Form des anderen Gefäßes an. Wenn du zum Beispiel Wasser aus einer Flasche in ein Glas gießt, änderst du nicht den Stoff Wasser, aber den Körper. Denn jetzt hat die gleiche Menge Wasser eine ganz andere Form bekommen. Zunächst hatte der Körper Wasser die Form des Inneren der Flasche. Nach dem Umgießen des Stoffes Wasser in das Glas sieht der Körper Wasser aus wie das Glasinnere.

Ein flüssiger Körper nimmt also immer die Form des Gefäßes an, in dem er sich gerade befindet.

Jede Luftblase, die in der Lampe nach oben steigt, ist ein **gasförmiger Körper**. Auch die Luft die dich umgibt, ist ein gasförmiger Körper.

Durch einen gasförmigen Körper kannst du hindurchgehen. Du kannst ihn heben, wenn du das Gefäß hochhebst, in dem er sich befindet.

Welche Form hat ein gasförmiger Körper? Die Luftblasen in der Lampe sind rund. Bläst du einen runden Luftballon auf, hast du auch darin einen gasförmigen Körper. Er ist rund, er hat die Form der Ballonhülle. Wenn du einen länglichen Luftballon aufbläst, erhält der Körper Luft eine längliche Form.

Auch gasförmige Körper nehmen immer die Form des Gefäßes an, in dem sie enthalten sind.

An der Lampe (Bild 1) kannst du also alle drei Arten von physikalischen Körpern – feste, flüssige und gasförmige – entdecken.

Auch deinen eigenen Körper kannst du physikalisch betrachten: Die Knochen sind feste Körper, das Blut in deinen Adern ist ein flüssiger Körper, die Luft in deinen Lungen bildet einen gasförmigen Körper.

> Alle Gegenstände heißen in der Physik Körper. Sie bestehen aus Stoffen. Körper können fest, flüssig oder gasförmig sein.

1 Nenne feste Körper, die du in deinem Klassenraum findest.
2 Welche flüssigen Körper, außer Wasser in einer Flasche, kennst du noch?
3 Zähle gasförmige Körper auf.
4 Wieso ist eine ausgetrunkene Flasche nicht leer? Welche Körper waren vorher darin, welcher ist nach dem Austrinken in der Flasche?
5 Aus welchen physikalischen Körpern besteht dein Frühstück? Sortiere sie nach fest, flüssig und gasförmig.

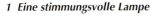
1 Eine stimmungsvolle Lampe

Eigenschaften von Körpern und Stoffen

2 Körper werden vermessen

2.1 Jeder Körper hat ein Volumen

Jeder Körper braucht seinen Platz. Der Raum, den er beansprucht, heißt **Volumen.** Eine kleine Fliege hat ebenso ein Volumen wie ein großes Flugzeug, nur braucht sie weniger Platz.
Die Worte klein oder groß reichen natürlich nicht aus, um das Volumen anzugeben. Du musst messen, wenn du das Volumen genau bestimmen möchtest.

Feste Körper wie der Ziegelstein behalten stets ihre Form, wenn nicht eine Kraft darauf einwirkt. Daher bleibt das Volumen gleich.

1 Alle Körper haben ein Volumen: feste Körper (A); flüssige Körper (B); gasförmige Körper (C)

Eine Flüssigkeit kannst du aus einer Flasche in ein Glas füllen, schon hat der Körper eine andere Form. Die Größe des Volumens bleibt dabei erhalten.

Gase können als Körper ihre Form und gleichzeitig ihr Volumen ändern. Sie nehmen immer den gesamten Raum ein, der ihnen zur Verfügung steht. Deshalb lässt sich das Volumen nur angeben, wenn du das Gefäß ausmisst, in dem das Gas enthalten ist.

Ein Körper verdrängt den anderen

Wenn beim Handballspielen zwei Spielerinnen oder Spieler zusammenstoßen, merken sie leicht: Wo ein Körper ist, kann kein zweiter sein. Ein Körper müsste schon dem anderen weichen.
Bei Flüssigkeiten gilt das auch: Wenn du dich in die Badewanne legst, steigt das Wasser an den Seiten hoch. Es gibt so viel Raum frei, wie dein Körper braucht.

Auch die Luft weicht aus, wenn du ein Zimmer betrittst. Wieder hast du so viel Platz, wie für deinen Körper benötigt wird.

Streifzug durch die Mathematik

Eine Formel für das Volumen

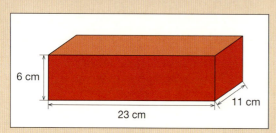

1 Die Maße eines Ziegelsteins

Ein Ziegelstein ist ein Quader. Du kannst sein Volumen bestimmen, indem du dessen Länge l, Breite b und Höhe h misst. Dann musst du rechnen.
Das Volumen V ist das Produkt aus Länge mal Breite mal Höhe: Volumen = Länge · Breite · Höhe

Dafür kannst du kurz schreiben: $V = l \cdot b \cdot h$

Volumen des Ziegelsteins:
$$V = 23\,cm \cdot 11\,cm \cdot 6\,cm = 1518\,cm^3.$$

Die Ausdrücke Volumen, Länge, Breite, Höhe heißen **Größen.** Zu einer Größe gehören der gemessene Zahlenwert *und* die Maßeinheit, zum Beispiel 3 cm oder 5 l oder 40 cm³.
Bei der Berechnung des Volumens musst du alle 3 Größen in der gleichen Maßeinheit schreiben.

Volumeneinheiten

1 Kubikmillimeter	1 mm³	
1 Kubikzentimeter	1 cm³	= 1000 mm³
1 Kubikdezimeter	1 dm³	= 1000 cm³
1 Kubikmeter	1 m³	= 1000 dm³
1 Milliliter	1 ml	
1 Liter	1 l	= 100 cl = 1000 ml

Beachte: 1 l = 1 dm³; 1 ml = 1 cm³

Eigenschaften von Körpern und Stoffen

Das Volumen wird gemessen

Das Volumen eines Ziegelsteins oder eines Paketes lässt sich leicht bestimmen, weil beide Körper die Form eines Quaders haben.
Das Volumen einer Flüssigkeit kannst du mit einem Messzylinder bestimmen. Dazu gießt du die Flüssigkeit hinein, stellst den Messzylinder auf eine waagerechte Fläche und liest in der Höhe des Flüssigkeitsspiegels das Volumen ab. Beim Ablesen musst du aufpassen, da sich der Flüssigkeitsspiegel am Rand des Gefäßes nach oben zieht. Den richtigen Wert erhältst du nur, wenn du an der tiefsten Stelle des Flüssigkeitsspiegels abliest (Bild 3).
Flüssigkeitsvolumen werden in *Hohlmaßen* angegeben: Liter (l), Zentiliter (cl) oder Milliliter (ml).

Das Volumen unregelmäßiger fester Körper

Das Volumen eines Kieselsteines kannst du mit einem Messzylinder bestimmen. Dazu musst du zunächst so viel Wasser einfüllen, dass der Stein vollständig untertauchen kann. Dann liest du das Wasservolumen genau ab. Danach tauchst du den Stein vorsichtig ins Wasser und liest den neuen Wasserstand ab.
Du erhältst das Volumen des Steines, wenn du die *Differenz* aus den Werten der zweiten und der ersten Messung bildest. Diese Möglichkeit der Volumenbestimmung heißt **Differenzmethode** (Bild 4 A).

Du kannst das Volumen des Kieselsteins auch mit der **Überlaufmethode** messen. Dazu füllst du ein Überlaufgefäß mit Wasser, bis es überläuft. Dann stellst du einen Messzylinder unter den Ablauf. Nun hängst du den Stein ganz hinein und fängst das verdrängte Wasser auf. Das Volumen des aufgefangenen Wassers ist so groß wie das Volumen des Steins (Bild 4 B).

> Das Volumen eines Quaders kann aus seinen Kantenlängen errechnet werden. Das Volumen von Flüssigkeiten kann mit einem Messzylinder gemessen werden. Das Volumen unregelmäßig geformter fester Körper lässt sich mit der Überlauf- oder der Differenzmethode bestimmen.

1 Eine Garage ist 6 m lang, 3 m breit und 2 m hoch. Berechne ihr Volumen. Wie viel Liter Luft enthält die Garage?
2 Wie könntest du das Volumen eines Flaschenkorkens bestimmen? Überlege dir einen Versuch und führe ihn durch.

V1 Miss Länge l, Breite b und Höhe h eines Postpaketes und berechne das Volumen V.

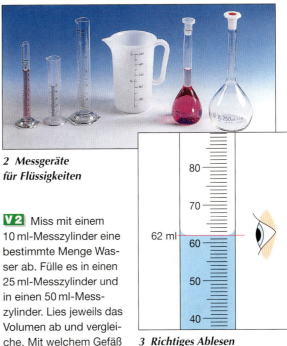

2 Messgeräte für Flüssigkeiten

3 Richtiges Ablesen

V2 Miss mit einem 10 ml-Messzylinder eine bestimmte Menge Wasser ab. Fülle es in einen 25 ml-Messzylinder und in einen 50 ml-Messzylinder. Lies jeweils das Volumen ab und vergleiche. Mit welchem Gefäß ist der Wert am genauesten zu bestimmen?
V3 Bestimme nacheinander das Volumen folgender Körper mit der Differenzmethode: Stein, Schlüssel, Anspitzer und Radiergummi.
A4 Begründe den Namen Differenzmethode.

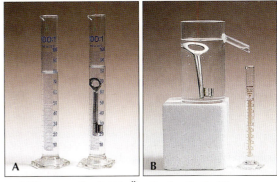

4 Differenzmethode (A); Überlaufmethode (B)

V5 Fülle ein Überlaufgefäß randvoll mit Wasser. Stelle einen Messzylinder unter den Ablauf und miss das Volumen aller in V 3 aufgezählten Körper.
A6 Wieso kannst du mit der Differenz- oder der Überlaufmethode das Volumen eines Kieselsteins bestimmen?

Eigenschaften von Körpern und Stoffen

2.2 Jeder Körper hat eine Masse

„Karin, hol mir schnell ein Kilogramm Tomaten!" Wie viel ist das? Für Karin ist das kein Problem, denn die elektronische Waage im Supermarkt zeigt das Gewicht an. Am Morgen hat sich Karin schon selbst auf eine Waage gestellt. Sie wollte ihr Gewicht überprüfen.
Wenn du einen Brief richtig frankieren willst, musst du ihn auf eine Briefwaage legen. Dann kannst du sein Gewicht ablesen und die richtige Briefmarke aufkleben.
Es gibt sogar Athleten, die große Gewichte in die Höhe stemmen. Sie heißen Gewichtheber.

Alle reden von Gewicht und doch meint jeder etwas anderes. Karin muss beim Einkauf wissen, *wie viel* sie nach Hause trägt. Am Morgen will sie ablesen, *wie schwer* sie ist. Der Gewichtheber prüft, *wie stark* er ist. In der Physik sind alle drei Messungen gleichberechtigt. Alles, was mit einer Waage bestimmt werden kann, heißt **Masse**. Dieses Wort ersetzt also den umgangssprachlichen Ausdruck Gewicht.

1 Elektronische Waage mit Anzeige

Es gibt aber auch Waagen, die keinerlei Anzeige haben, wie die Balkenwaage (Bild 2).
Wenn du damit eine Masse bestimmen willst, brauchst du einen Vergleichskörper, von dem du schon weißt, welche Masse er hat. Ein solcher Körper liegt im internationalen Maßbüro bei Paris und heißt **Urkilogramm.** Davon sind alle gebräuchlichen *Wägestücke* abgeleitet.

2 Balkenwaage

3 Urkilogramm

Massenvergleich

Um einen Körper zu wägen, legst du ihn auf eine Waagschale der Balkenwaage. Auf die andere Schale legst du so viele Wägestücke, bis die Waage im Gleichgewicht ist. Dazu musst du so lange kleinere oder größere Wägestücke auflegen, bis der Zeiger der Waage in der Mitte der Skala zur Ruhe kommt. Die Werte der einzelnen Wägestücke brauchst du nun nur noch zu addieren. Die Summe gibt dann die Masse des Körpers an. Mit einer Balkenwaage vergleichst du also die Masse des Körpers mit der Gesamtmasse aller Wägestücke.

Masse des Körpers bestimmen

Dazu brauchst du eine Waage. Darauf legst du den Körper und wartest, bis die Anzeige ruhig steht. Jetzt kannst du die Masse m ablesen.
Das geht leicht, wenn die Waage den Wert gleich anzeigt, wie die elektronische Waage (Bild 1), die Personenwaage oder die Briefwaage.

Eigenschaften von Körpern und Stoffen

Wägen durch Anhängen

Die Masse eines festen Körpers kannst du auch bestimmen, wenn du ihn an eine *Paketwaage* hängst. Er dehnt dabei eine Feder ein bestimmtes Stück aus. Am Ende der Feder befindet sich ein Zeiger, der auf einer Skala die Masse des Körpers anzeigt.

4 Paketwaage

> Die Masse eines Körpers wird mit einer Waage gemessen. Der Wert kann direkt abgelesen oder durch Massenvergleich mit Wägestücken bestimmt werden.

1 a) Beschreibe, wie du auf einer elektronischen Waage die Masse von Tomaten bestimmst.
b) Wie gehst du vor, wenn du am Morgen dein Gewicht bestimmen willst?

2 a) Erkundige dich, welche Waagen ihr zu Hause habt.
b) Sieh nach, wie groß die Masse eines Körpers jeweils sein darf, damit du ihn noch mit der Waage bestimmen kannst.

3 Ein Wägesatz enthält folgende Wägestücke: ein 1 g-, zwei 2 g-, ein 5 g- und ein 10 g-Stück.
a) Welche Massen kannst du damit bestimmen?
b) Welche Wägestücke müsste der Wägesatz haben, damit du einen Körper mit einer Masse von 119 g wägen kannst?

Pinnwand

WÄGEN UND WAAGEN

Laufgewichtswaage
Bei dieser Waage musst du die Laufgewichte bei den entsprechenden Kerben einhängen und die Einzelwerte addieren.

Briefwaage
A1 Erkundige dich, wie groß die Masse bei einem Standard- und Kompaktbrief höchstens sein darf.

In diesem **Wägesatz** für Balkenwaagen findest du Wägestücke von 1 g bis 500 g. Für Zwischenwerte sind Gramm-, Zehngramm- und Hundertgramm-Stücke enthalten.

Wie wird die Masse von Wasser bestimmt?

V2 Besorge dir ein Glas und bestimme die Masse des Glases. Fülle nun das Wasser hinein und bestimme jetzt die Masse von Glas und Wasser. Subtrahiere dann die Masse des Glases von der Gesamtmasse. Auf diese Weise kannst du auch die Masse von anderen Flüssigkeiten bestimmen.

Masseeinheiten

1 Milligramm	1 mg	
1 Gramm	1 g	= 1000 mg
1 Kilogramm	1 kg	= 1000 g
1 Tonne	1 t	= 1000 kg

Praktikum

Bestimmen von Massen

V1 Lege nacheinander verschiedene Körper wie Holzklötze, Steine oder Schrauben auf eine Briefwaage und bestimme jeweils die Masse. Halte die Werte in einer Tabelle fest.

V2 Bestimme die Massen der Körper aus V1 auch mit einer Balkenwaage und einer Laufgewichtswaage. Halte die Werte in einer zweiten und dritten Tabellenspalte fest und vergleiche sie miteinander. Welche Waage zeigt die Masse am genauesten an?

V3 Bestimme die Masse von 200 ml Wasser.

Eigenschaften von Körpern und Stoffen

1 Max ist offenbar stärker als Moritz!

2.3 Ist Holz schwerer als Eisen?

Der kleine, schmächtige Max hebt die Kugel mühelos hoch, der große, kräftige Moritz kommt mit seiner Kugel nicht aus der Hocke. Woran kann das liegen? Beide Kugeln sind doch gleich groß.

Offenbar spielt hier eine Rolle, aus welchem Stoff die jeweilige Kugel ist. Max ist nämlich doch nicht stärker als Moritz. Er stemmt ganz locker eine Kugel aus Kunststoff, während Moritz sich mit einer Kugel aus Eisen abmüht.

Die Dichte eines Stoffes

Wenn du aus einer Stange Plastilin eine Kugel formst, dann eine aus zwei Stangen, ergibt die Volumenbestimmung, dass das Volumen der größeren Kugel doppelt so groß ist wie das der kleinen. Klar, du hast ja zwei Stangen Plastilin benutzt.

V1 a) Forme aus einer Stange Plastilin eine Kugel und bestimme deren Masse und Volumen.
b) Forme nun aus zwei Stangen Plastilin eine Kugel und bestimme ebenfalls Masse und Volumen.
c) Nimm dann eine beliebige Menge Plastilin und bestimme erneut Masse und Volumen.
d) Dividiere für jede Kugel den Wert ihrer Masse durch den Wert ihres Volumens. Was stellst du fest?

V2 Bestimme die Masse und das Volumen von verschiedenen festen Körpern, wie von deinem Haustürschlüssel, von einem Nagel, von einem Kieselstein oder von einem Stück Kupferrohr. Berechne mit diesen Werten jeweils die Dichte des Stoffes.

Ebenso kannst du feststellen, dass sich die Masse verdoppelt hat. Doch dieses Ergebnis erhältst du nur, wenn beide Kugeln aus demselben Stoff bestehen. Aus Bild 1 ersiehst du, dass gleiches Volumen nicht immer gleiche Masse bedeutet.

Um verschiedene Stoffe zu vergleichen, muss eine Größe eingeführt werden, die Masse und Volumen gleichermaßen berücksichtigt. Diese neue Größe heißt **Dichte** eines Stoffes. Sie ergibt sich, wenn der Wert der Masse durch den Wert des Volumens eines Körpers dividiert wird.

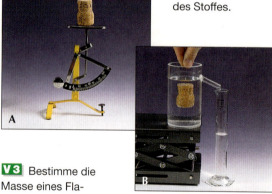

2 Bestimmung der Masse (A) und des Volumens (B) eines Korkens

V3 Bestimme die Masse eines Flaschenkorkens mit einer Briefwaage. Miss sein Volumen mit dem Überlaufgefäß. Achte darauf, dass der Korken ganz untertaucht. Dazu musst du ihn mit einer dünnen Nadel ins Wasser drücken, damit das Volumen der Nadel gegenüber dem des Korkens nichts ausmacht. Bestimme die Dichte.

V4 Bestimme die Dichte von Leitungswasser, Spiritus und Speiseöl. Beachte: 1 ml = 1 cm³.

$$\text{Dichte} = \frac{\text{Masse}}{\text{Volumen}}\ ;\ \rho = \frac{m}{V}\quad (\rho - \text{gelesen: rho})$$

Stoff	Dichte in $\frac{g}{cm^3}$	Stoff	Dichte in $\frac{g}{cm^3}$
Gold	19,3	Grafit	2,25
Blei	11,3	Kiesel	≈ 2,1
Kupfer	8,9	Holz	≈ 0,7
Eisen	7,9	Hartgummi	≈ 1,2
Aluminium	2,7	Kork	0,2
Zink	7,13	Styropor	≈ 0,04
Zinn	7,28	Wasser	1,0
Messing	≈ 8,5	Spiritus	0,8
Glas	2,5	Benzin	0,65
Beton	≈ 2,0	Salatöl	0,9

3 Dichte einiger Stoffe

Eigenschaften von Körpern und Stoffen

Die Dichte schnell bestimmt

Zur Berechnung der Dichte musst du den Zahlenwert der Masse durch den Wert des Volumens dividieren. Eine besonders einfache Rechnung ergibt sich, wenn im Nenner des Bruchs die Zahl 1 steht. Dies erreichst du, wenn du zur Dichtebestimmung einen *Probekörper* mit dem Volumen $V = 1\,cm^3$ wählst. Solche Probekörper kannst du dir selbst herstellen. Sie sind als Würfel in Bild 4 dargestellt. Der Zahlenwert für die Dichte stimmt mit dem Zahlenwert der Masse überein.

> Jeder Stoff eines Körpers hat eine bestimmte Dichte. Sie lässt sich berechnen, wenn der Wert der Masse des Körpers durch den Wert des Volumens dividiert wird.
>
> $$\text{Dichte} = \frac{\text{Masse}}{\text{Volumen}} \;;\; \rho = \frac{m}{V}$$

1 Welche Messungen musst du an einem Körper vornehmen, um die Dichte des Stoffes festzustellen, aus dem der Körper besteht?

2 Welcher der Körper, von denen du in V 1 bis V 4 die Dichte bestimmt hast, schwimmt, welcher geht im Wasser unter? Vergleiche die Dichte der Stoffe dieser Körper mit der von Wasser. Was fällt dir auf?

3 Errechne die Dichte eines Steines, der eine Masse von 0,09 kg und ein Volumen von 0,045 dm³ hat.

V 5 Bestimme die Dichte der in Bild 4 abgebildeten Probekörper. Bestimme anschließend den Stoff mithilfe der Tabelle 3.

4 Würfel mit dem Volumen von 1 cm³

5 Ein Goldbarren

A 6 Ein 1 kg-Goldbarren kostet ungefähr 8000 €. Herr Meier konnte ihn für 6000 € kaufen. Die Form seines Goldbarrens ähnelt einem Quader. Seine Kantenlängen betragen Länge l = 12 cm, Breite b = 4,9 cm und Höhe h = 1,5 cm. War das wirklich ein günstiges Geschäft?

Messbecher

Streifzug durch die Küche

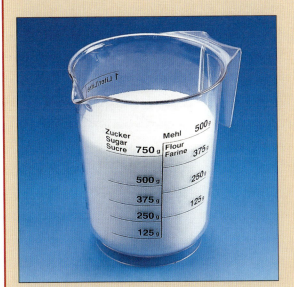

1 Messbecher für Mehl und Zucker

Mit einem Messbecher kannst du die Masse von Lebensmitteln wie Mehl oder feinem Zucker in Gramm (g) abmessen.

Doch warum sind für Zucker und Mehl zwei verschiedene Skalen notwendig?
Wie du siehst, nimmt die eingefüllte Menge Zucker mit 750 g so viel Raum ein wie etwa 430 g Mehl. In das gleiche Volumen passt also mehr Zucker als Mehl.
Bei gleicher Masse, zum Beispiel 250 g, nimmt Zucker nur ungefähr den halben Raum ein wie die gleiche Masse Mehl. Die Dichte von Zucker ist also größer als die Dichte von Mehl.

Wenn du die Dichte von Zucker und Mehl bestimmst, erhältst du folgende Werte:
Zucker $\rho = 1{,}1\,\frac{g}{cm^3}$, Mehl $\rho = 0{,}6\,\frac{g}{cm^3}$.
Diese unterschiedlichen Dichten wurden bei der Einteilung der Skalen des Messbechers berücksichtigt.

Eigenschaften von Körpern und Stoffen

3 Körper als Magnete

3.1 Sortieren mit Magneten

Beim Öffnen seines Geldbeutels fielen Magnus alle Geldstücke heraus, direkt durch den Gitterrost. An das Geld kam er nicht mehr heran. Aber er wusste sich zu helfen. Er befestigte einen Magneten an einer Schnur und ließ ihn durch das Gitter gleiten. Doch dabei machte er eine enttäuschende Entdeckung.

Mit dem Magneten konnte er nicht alle Geldstücke heraufholen. Dafür angelte er andere Gegenstände, die er gar nicht haben wollte. Woran kann das liegen?
Magnus betrachtete sich die geangelten Gegenstände genauer und stellte fest, dass alle aus Metall bestanden. Er hatte kleine und große Nägel, eine Haarspange, einen Schlüssel und eine Büroklammer heraufgeholt.
Viele Gegenstände blieben unter dem Gitterrost liegen: Streichhölzer, Kaugummipapier, Glasscherben, ein Filzstift – aber leider auch viele Geldstücke.
Der Magnet zieht also nicht alle Gegenstände an. Es kommt darauf an, aus welchem *Stoff* sie bestehen. Er wirkt nicht auf Gegenstände aus Holz, Plastik, Papier, Glas oder Gummi. Die **magnetische Anziehung** wirkt nicht einmal auf alle Metalle.
Diese Erfahrung musste also auch Magnus machen. Mit Versuch 3 kannst du überprüfen, dass Magnete nur auf Gegenstände wirken, die aus Eisen, Nickel oder Cobalt bestehen oder diese Stoffe enthalten.

> Ein Magnet kann nur Gegenstände anziehen und festhalten, die Eisen, Nickel oder Cobalt enthalten.

1 Sortiere mithilfe eines Magneten die Geldstücke aus, die nicht angezogen werden. Welche Metalle sind in diesen Geldstücken nicht enthalten?

A1 Schau dir die Gegenstände an, die in Bild 1 unter dem Gitterrost liegen. Welche Gegenstände werden vermutlich vom Magneten angezogen und welche nicht? Fertige folgende Tabelle an und trage ein:

Gegenstand	wird angezogen	Stoff
Büroklammer	ja	
Streichholz	nein	

V2 a) Halte einen Magneten nacheinander an verschiedene Gegenstände und stelle fest, welche angezogen werden, welche nicht.
Vergleiche die Ergebnisse mit den Vermutungen in der Tabelle aus A1. Welche Vermutungen musst du korrigieren?
b) Woraus bestehen die Gegenstände, die von dem Magneten angezogen bzw. nicht angezogen werden? Ergänze die Tabelle in der 3. Spalte. Trage dort den jeweiligen Stoff ein.

V3 Lass dir verschiedene Gegenstände geben, die jeweils nur aus einem Metall bestehen, zum Beispiel aus Kupfer oder Eisen. Kennzeichne diese mit dem Namen des Stoffes. Untersuche die unterschiedlichen Metalle wieder mit einem Magneten. Welche Metalle werden von dem Magneten angezogen?

1 Magnus angelt mit einem Magneten

Eigenschaften von Körpern und Stoffen

3.2 Magnete, Magnete, Magnete

In Bild 1 sind verschiedene Formen von Magneten abgebildet:
A Hufeisenmagnete
B Stabmagnete
C Ringmagnete
D Scheibenmagnete
E Bügelmagnet
F Magnetfolie.
Diese Magnete heißen **Dauermagnete.**

Es gibt auch noch Magnete, deren Magnetismus sich abschalten lässt. Diese wirst du später kennen lernen. Bei den folgenden Versuchen wirst du hauptsächlich Stab-, Bügel- und Hufeisenmagnete verwenden.

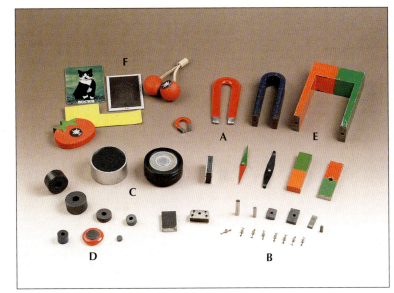

1 Verschiedene Formen von Dauermagneten

Einsatz von Magneten

Mit Scheiben- oder Ringmagneten kannst du Notizzettel oder Bilder an einer Metallfläche aus Eisen anbringen.

Ein weiteres Beispiel für Dauermagnete findest du am Kühlschrank. In der Tür hinter den Dichtungsgummis sind einige Magnete angebracht. Beim Schließen der Tür ziehen sie sich an den eisernen Schrankrahmen und halten so die Tür geschlossen. Beim Öffnen lässt sich die magnetische Anziehung nur mit einiger Kraft überwinden.

Besonders stark ist die magnetische Anziehung bei einem Hufeisenmagneten. Ein Eisenstück, das über beiden Enden eines Hufeisenmagneten liegt, kannst du nur sehr schwer von dem Magneten trennen. In der Technik werden viele Dauermagnete eingesetzt, die so stark wie Hufeisenmagnete wirken.
Wenn zum Beispiel in einer Fabrik Löcher in Eisenplatten gebohrt werden müssen, werden die dabei entstehenden Metallspäne mit der Kühlflüssigkeit weggespült. Diese Flüssigkeit fließt an starken Dauermagneten vorbei. Sie ziehen die Eisenspäne heraus. Die Kühlflüssigkeit und die Späne können somit wieder verwertet werden.

> Dauermagnete gibt es in verschiedenen Formen. Sie werden in vielen Geräten verwendet.

1 Überlege, wo Dauermagnete eingesetzt werden könnten. Schreibe Möglichkeiten auf.

A1 Warum haften Dauermagnete am Kühlschrank und an manchen Pinnwänden?
V2 Lege auf einen Hufeisenmagneten ein dickes Eisenstück, sodass beide Enden des Hufeisenmagneten abgedeckt werden. Versuche nun, das Eisenstück vom Magneten zu trennen. Was stellst du fest?
V3 Wiederhole V 2. Halte dabei den Hufeisenmagneten fest und lass eine Freundin oder einen Freund am Eisenstück ziehen. Beschreibe deine Erfahrungen im Vergleich zu V 2.

2 Was für ein Kraftaufwand!

V4 Lege das Eisenstück auf andere Magnete. Versuche es wieder abzuziehen. Was stellst du fest?

1 Ein Magnet sammelt Eisenteile vom Vorfeld des Flughafens.

A1 Überlege, wieso das Gerät in Bild 1 die Eisenteile von dem Vorfeld der Rollbahn aufheben kann. Schreibe auf, was du vermutest.

A2 Wie lassen sich die Eisenteile von dem Gerät wieder lösen? Nenne zwei Möglichkeiten.

V3 Baue einen Stromkreis wie in Bild 2 A auf. Verwende eine Spule mit 1000 Windungen und eine 4,5 V-Batterie. Benenne alle Teile des Stromkreises.

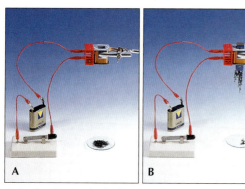

2 Spule ohne und mit Eisenkern im Stromkreis

V4 Halte eine Handvoll kleiner Nägel unten an die Spule aus V 3. Was geschieht mit den Nägeln
a) beim Schließen des Schalters,
b) beim Öffnen des Schalters?

V5 Schiebe wie in Bild 2 B einen Eisenkern in die Spule und befestige ihn. Wiederhole V 4.

A6 Beschreibe und vergleiche die Wirkung der Spule in V 4 und in V 5.

A7 Begründe, warum in dem Elektromagneten in Bild 1 ein Eisenkern eingebaut ist.

3.3 Ein elektrischer Magnet

Alte Schrauben, leere Dosen und andere Eisenteile bleiben jeden Tag auf dem Gelände des Frankfurter Flughafens liegen. Fast 20 000 kg pro Jahr sammelt ein Spezialfahrzeug mit einem starken Magneten von seinen Straßen und vom Vorfeld der Rollbahn auf. Ein Dauermagnet wäre für diesen Zweck nicht geeignet, er könnte die Eisenteile nicht wieder loslassen.

Hier wird eine Spule aus isoliertem Kupferdraht verwendet. Eine solche Spule wird zum Magneten, wenn sie in einem **Stromkreis** liegt. Sie hat dann die gleichen Eigenschaften wie ein Dauermagnet. Der Magnetismus wird noch sehr viel stärker, wenn in das Innere der Spule ein **Eisenkern** eingesetzt ist. Eine solche Kupferdrahtspule mit Eisenkern heißt **Elektromagnet.**

In Bild 2 siehst du einen *Stromkreis,* der aus einer Stromquelle, Leitungen und einem Elektromagneten besteht. In den Stromkreis ist zusätzlich ein Schalter eingebaut, mit dem sich der Stromkreis öffnen und schließen lässt. Der Elektromagnet kann damit nach Bedarf ein- und ausgeschaltet werden.

> Eine Spule mit Eisenkern heißt Elektromagnet. In einem geschlossenen Stromkreis hat er die gleichen Eigenschaften wie ein Dauermagnet.

1 Für welche Zwecke sind Dauermagnete besser geeignet als Elektromagnete? Nenne Beispiele.

2 Nenne Beispiele, für die Elektromagnete besser geeignet sind als Dauermagnete.

Eigenschaften von Körpern und Stoffen

Magnetkran – selbst gebaut

Praktikum

1 Auf dem Schrottplatz

Auf dem Schrottplatz werden schwere Eisenteile oder Autos durch einen Magnetkran zur Schrottpresse transportiert.

Solch einen Magnetkran kannst du selbst bauen. Die Teile, die du zum Bau des Kranes brauchst, stehen in der Materialliste. Bild 2 zeigt, wie du die Teile zusammenbauen musst.

Hinweis: Die Garnrolle darf sich nicht auf der Achse drehen. Du kannst sie festkleben oder an der Achse festschrauben.

Materialliste:

1 Holzbrett	20,0 cm x 10,0 cm x 0,5 cm
3 Holzleisten	6,0 cm x 1,5 cm x 0,5 cm
2 Holzleisten	25,0 cm x 1,5 cm x 0,5 cm
Enden schräg abgesägt	
1 Holzleiste	2,0 cm x 0,9 cm x 0,5 cm
2 Holzleisten	8,0 cm x 1,5 cm x 0,5 cm
Enden schräg abgesägt	
1 Rundholz	2,5 cm, Durchmesser 6 mm
1 Rundholz	6,0 cm, Durchmesser 6 mm
1 Rundholz	1,5 cm, Durchmesser 6 mm

1 leere Garnrolle mit 1 m Kunststofffaden
2 Kunststoffspulen einer Nähmaschine
1 Schraube M6 (15 mm lang) mit Mutter
15 m lackisolierter Kupferdraht
70 cm dünner, flexibler Leitungsdraht
3 cm Eisendraht

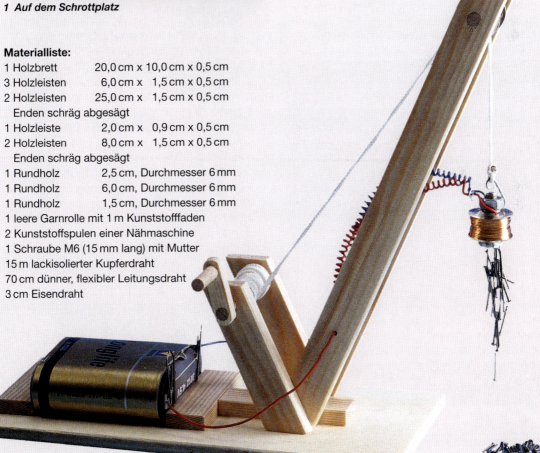

2 Der Magnetkran

Eigenschaften von Körpern und Stoffen

4 Magnete und ihre Wirkungen

4.1 Magnete mit wirkungsvollen Enden

Ein Stabmagnet ist in eine Kiste mit Nägeln gefallen. Beim Herausnehmen bleiben viele Nägel am Magneten hängen. Sie haften aber nur an seinen Enden, nicht in der Mitte. Daran siehst du, dass ein Stabmagnet an seinen beiden Enden Eisenteile besonders stark anzieht.

Auch mit Eisenfeilspänen kannst du zeigen, dass Magnete immer zwei Stellen mit besonders starker Anziehung haben. Bei Stabmagneten sind es die beiden Enden. Sie werden **Pole** genannt (Bild 3).

Auch der Bügelmagnet zieht die Eisenfeilspäne an zwei Stellen besonders stark an. Diese beiden Enden heißen auch hier Pole. Einen Bügelmagneten kannst du dir als doppelt geknickten Stabmagneten vorstellen.

1 Am Stabmagneten haften viele Nägel.

A1 Beschreibe Bild 1 und versuche es zu erklären.
V2 Lege einen Stabmagneten in einen Behälter mit Eisenfeilspänen und wende ihn darin. Nimm ihn heraus und beschreibe das Ergebnis.

3 Eisenfeilspäne bilden an den Enden Büschel.

V3 Lege ein großes Stück Papier auf den Tisch und stelle darauf einen Bügelmagneten, sodass die beiden Enden nach oben zeigen. Streue nun von oben Eisenfeilspäne auf den Magneten. Beschreibe die Beobachtung und vergleiche mit dem Ergebnis aus V2.
V4 Fahre mit einem Nagel an einem Stabmagneten entlang. Löse ihn an verschiedenen Stellen vom Magneten. Was stellst du fest?

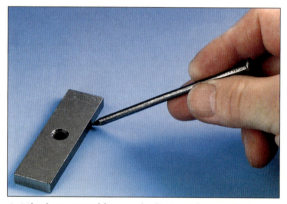

2 Mit einem Nagel kannst du die Anziehung spüren.

Fährst du mit einem Nagel an einem Stabmagneten entlang, dann spürst du, wenn du den Nagel immer wieder abziehst, wo die Anziehung am stärksten ist. Auch so kannst du die Pole finden.

> Jeder Magnet hat zwei Pole. Das sind die Stellen mit der stärksten Anziehung.

1 Überlege und probiere, wie du möglichst viele Büroklammern an einen Stabmagneten hängen kannst.
2 An welcher Stelle des Stab- und des Bügelmagneten ist die Anziehung kaum festzustellen?

4 Eisenfeilspäne auf einem Bügelmagneten

Eigenschaften von Körpern und Stoffen

4.2 Magnete wirken in den Raum

Ein Magnet wirkt nicht nur auf Gegenstände, die er direkt berührt. Wenn du ihn einem Eisenstück näherst, kann er dieses schon von weitem anziehen. Dabei ist die Lage des Eisenstücks zum Magneten wichtig. Liegt eine Eisenkugel in der Nähe eines Pols und kommt der Magnet nahe genug, rollt die Kugel auf den Pol zu. Legst du die Kugel aber neben die Mitte des Magneten, passiert nichts. Nimmst du nun anstelle der Kugel Eisenfeilspäne, erkennst du eine Wirkung des Magneten auch neben den Magnetpolen. Die Eisenfeilspäne werden alle in eine bestimmte Lage ausgerichtet. Die magnetische Wirkung zeigt sich also in der Ausrichtung der Späne. Sie bilden Linien, die an einem Pol aus dem Stabmagneten herauskommen, um den Magneten herumlaufen und beim anderen Pol wieder hineingehen. Diese Linien heißen **magnetische Feldlinien.** Sie zeigen das magnetische Feld des Stabmagneten (Bild 1).

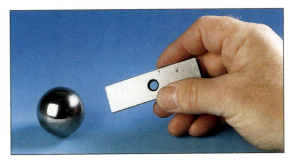

2 Der Stabmagnet zieht eine Stahlkugel an.

V1 Lege eine Stahlkugel auf den Tisch. Nähere ihr einen Stabmagneten erst mit dem einen, dann mit dem anderen Magnetpol. Beobachte das Verhalten der Kugel. Beschreibe deine Beobachtungen.
Nähere den Magneten mit seiner Mitte der Stahlkugel. Beschreibe, was jetzt passiert.

1 Das räumliche Magnetfeld eines Stabmagneten

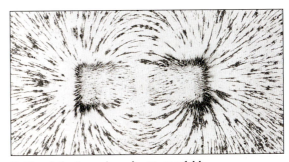

3 Eisenfeilspäne zeigen das Magnetfeld.

Mit Versuch 2 kannst du nur einige Feldlinien sichtbar machen. In Wahrheit liegen sie viel dichter zusammen und umschließen den gesamten Magneten.

Im Bild 4 siehst du das Magnetfeld eines Bügelmagneten. Im Raum innerhalb der Schenkel des Bügelmagneten verlaufen die Feldlinien geradlinig. Außen herum bilden sie gebogene Linien.

V2 Lege einen Zeichenkarton auf einen Stabmagneten und bestreue ihn mit Eisenfeilspänen. Klopfe dann ganz leicht an den Karton. Betrachte das entstehende Muster und beschreibe es.

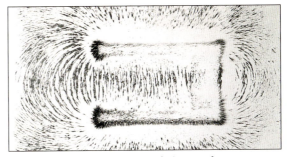

> Ein Magnet wirkt in den Raum hinein auf Eisenteilchen. Er richtet sie so aus, dass sie sein Magnetfeld anzeigen.

4 Die magnetischen Feldlinien beim Bügelmagneten

1 Bastle aus Holz und Draht ein Modell, das einige magnetische Feldlinien eines Stabmagneten darstellt. Benutze dazu Bild 1.

V3 Lege einen Bügelmagneten auf den Tisch und darüber einen Zeichenkarton. Bestreue ihn mit Eisenfeilspänen. Beschreibe das entstandene Bild.

Eigenschaften von Körpern und Stoffen

1 Ein Zaubertrick?

4.3 Magnete wirken durch Stoffe

In Bild 1 ist Ungewöhnliches zu sehen! Ein Zauberkünstler führt vor, wie die Büroklammern aus der Schale heraus kratzend an einem Karton hoch gleiten, ohne dass der Zauberer die Büroklammern berührt. Was passiert hier?

Hinter dem Karton befindet sich ein Magnet. Wenn der Zauberer den Magneten auf der Rückseite des Kartons bewegt, folgen die Büroklammern auf der Vorderseite den Bewegungen des Magneten.

Das magnetische Feld durchdringt Stoffe

Bei der Zauberei in Bild 1 durchdringt das magnetische Feld den Karton. So kann der Magnet die Büroklammern anziehen. Auch wenn du anstelle des Kartons aus Pappe dünne Platten aus anderen Stoffen aufstellst, kannst du den Zaubertrick fast immer durchführen. Er gelingt ebenfalls bei Blechen aus Metall wie Kupfer, Aluminium, Zink oder Blei. Das magnetische Feld durchdringt also auch diese Stoffe.

Wie stark diese **Durchdringungsfähigkeit** ist, zeigt dir das Spiel, bei dem ein Auto wie von Geisterhand gezogen entlang aufgezeichneter Straßen fährt. Mit einem Magneten, der von dir unter der Tischplatte geführt wird, bewegst du das Auto. Hier dringt das magnetische Feld durch das dicke Holz der Tischplatte.

Der Stoff, durch den das magnetische Feld wirkt, kann beliebig dick sein. Es hängt nur von der Stärke des Magneten ab, bis auf welche Entfernung sein Magnetfeld noch nachweisbar ist.

A1 Wie ist es möglich, dass die Büroklammern aus der Schale am Pappkarton hochgleiten?

V2 Stelle an eine Schachtel mit Büroklammern einen Zeichenkarton. Führe anschließend einen Magneten von hinten an den Karton heran. Bewege ihn langsam von unten nach oben und in verschiedene Richtungen. Was beobachtest du?

V3 Ersetze den Karton aus V2 durch Platten aus Glas, Kunststoff und Holz und durch Aluminium-, Kupfer- oder Zinkblech. Wiederhole jeweils V2 und berichte.

V4 a) Lege nun zuerst zwei Zeichenkartons aufeinander und wiederhole V2. Schiebe anschließend einen dritten, vierten, fünften und weitere Kartons dazwischen. Was passiert jeweils mit den Büroklammern? Begründe deine Beobachtungen.
b) Wiederhole den Versuch a) mit mehreren Platten des gleichen Stoffes aus V3. Was stellst du jeweils fest? Begründe.

V5 Klebe unter ein Spielzeugauto eine Unterlegscheibe aus Eisen. Male dir auf einem größeren Zeichenkarton ein Straßennetz mit Kurven und Kreuzungen auf. Lege diesen Plan auf einen Tisch und stelle das Auto darauf. Halte unter der Tischplatte einen starken Magneten direkt unter das Auto und bewege es mithilfe des Magneten.

A6 Überlege dir weitere Spiele, bei denen du die Fähigkeit des magnetischen Feldes nutzt, Stoffe durchdringen zu können.

2 Ein Magnet lenkt ein Auto.

Eigenschaften von Körpern und Stoffen

Das magnetische Feld kann abgeschirmt werden

Die „schwebende Büroklammer" aus Bild 3 zeigt dir noch einmal, dass die Wirkung eines Magneten auch Abstände überbrückt und in den Raum reicht. Die Büroklammer richtet sich an den Feldlinien des magnetischen Feldes aus.

Platten aus Kupfer oder Glas, aus Holz, Plastik oder Pappe, die du in das magnetische Feld zwischen den Magneten und die Büroklammer schiebst, ändern nichts an der Ausrichtung der Büroklammer. Das Magnetfeld durchdringt auch über größere Entfernung diese Stoffe.

Das magnetische Feld dringt allerdings nicht durch ein Eisenblech, das zwischen den Magneten und die Büroklammer gehalten wird, ohne dass es den Magneten berührt. Dies verdeutlicht der Versuch 8. Schiebst du die Büroklammer aber rechts oder links neben das Eisenblech, wird sie wieder vom Magneten angezogen. Neben dem Eisenblech wirkt das magnetische Feld im ganzen Raum weiterhin auf die Büroklammer. Eisen, ein Stoff, der von Magneten angezogen wird, schirmt also die magnetische Wirkung auf die Büroklammer ab.

Die anderen Stoffe, die in Versuch 8 verwendet werden, zieht der Magnet nicht an. Abschirmung und Durchdringung hängen also davon ab, ob der Magnet den verwendeten Stoff anzieht oder nicht.

> Stoffe, die ein Magnet anzieht, schirmen das magnetische Feld ab. Stoffe, die ein Magnet nicht anzieht, werden vom Magnetfeld durchdrungen.

1 Viele Kühlschranktüren werden von Magneten zugehalten. Das magnetische Feld dieser Magnete wirkt dabei durch Stoffe hindurch auf den Schrankrahmen. Schau dir euren Kühlschrank zu Hause an. Welchen Stoff durchdringt dort das magnetische Feld?

2 Du willst an die Metallfläche einer Pinnwand mit Magneten Münzen aus verschiedenen Ländern anbringen, die du als Erinnerung an eine Reise mitgebracht hast. Geht das?

3 Auf den vorhergehenden Seiten werden Versuche beschrieben, bei denen ein Magnet Gegenstände aus Eisen anzieht. Suche dir einen Versuch aus, bei dem du die Abschirmung mit einem Eisenblech zeigen kannst. Führe den Versuch durch. Beachte, dass das Eisenblech den Magneten nicht berühren darf.

4 Könntest du für die Abschirmung eines magnetischen Feldes in Versuch 8 auch eine Platte aus Cobalt oder Nickel verwenden? Begründe deine Antwort.

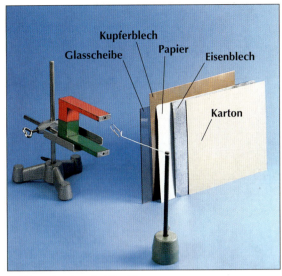

3 Die schwebende Büroklammer

V 7 Baue den Versuch auf, wie er in Bild 3 dargestellt ist. Nähere die Büroklammer dem Magneten so, dass sie den Magneten nicht berührt. Was beobachtest du? Erkläre deine Beobachtung.

V 8 Schiebe bei gleichem Versuchsaufbau wie in V 7 zwischen den Magneten und die Büroklammer eine Platte aus Holz, einen Pappkarton, eine Glasscheibe, ein Eisenblech und Bleche aus anderen Metallen. Was passiert jeweils mit der Büroklammer?

V 9 Stelle vor den Magneten ein Eisenblech. Es darf den Magneten nicht berühren. Führe die schwebende Büroklammer um das Blech herum. Beschreibe deine Beobachtung.

4 Ein Scheibenwischer für das Aquarium

A 10 Hier ist ein magnetischer Scheibenwischer für Aquarien abgebildet. Erkläre, wieso du damit von außen die Innenseiten des Aquariums säubern kannst.

Eigenschaften von Körpern und Stoffen

1 Hängender Richtungsanzeiger

V1 Hänge einen Stabmagneten an einem Faden waagerecht auf. Achte darauf, dass kein Eisen in der Nähe ist. Warte, bis der Magnet zur Ruhe gekommen ist.
a) In welche Himmelsrichtung zeigt der Magnet?
b) Kennzeichne den Pol, der nach Norden zeigt, mit „N" und den Pol, der nach Süden zeigt, mit „S".
c) Drehe den Magneten in die Gegenrichtung und lass ihn los. Was beobachtest du?

4.4 Jeder Pol bekommt einen Namen

Du kennst die vier Himmelsrichtungen Norden, Süden, Osten, Westen. Stabmagnete, die an einem Faden waagerecht aufgehängt sind, zeigen nach kurzer Zeit alle in die Nord-Süd-Richtung. Auch ein Stabmagnet, der auf einer Korkscheibe im Wasser schwimmt, oder ein Stabmagnet, der drehbar gelagert ist, nimmt nach einiger Zeit diese Richtung ein. Ein Ende weist immer nach Norden, das andere nach Süden.
Wenn du drehbare Stabmagnete in die Gegenrichtung drehst und sie wieder loslässt, zeigt das gleiche Ende bald wieder nach Norden und das andere nach Süden.

2 Schwimmender Richtungsanzeiger

Diese Beobachtung führte auch zur Benennung der beiden Magnetpole. Der nach Norden zeigende Pol wird **Nordpol** genannt und der nach Süden zeigende heißt **Südpol**.
Um die beiden Pole am Magneten zu unterscheiden, sind sie oft verschieden gefärbt. In diesem Buch sind die Nordpole der verwendeten Magnete meistens rot und die Südpole grün.

V2 Fülle eine Plastik- oder Glasschüssel mit Wasser. Lege auf eine Korkscheibe einen kleinen Stabmagneten. Setze die Scheibe mit dem Stabmagneten auf das Wasser und bearbeite die Aufträge und Fragen a) bis c) aus V 1.

> Wenn Stabmagnete frei beweglich sind, richten sie sich in Nord-Süd-Richtung aus. Der Pol, der nach Norden zeigt, heißt Nordpol. Der Pol, der nach Süden zeigt, heißt Südpol.

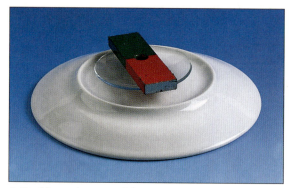

3 Drehbar gelagerter Richtungsanzeiger

1 Ein frei beweglicher Stabmagnet zeigt die Nord-Süd-Richtung an. Auch die Sonne zeigt dir am Mittag die Süd-Richtung. Welche Vorteile und Nachteile hat die Orientierung durch einen Stabmagneten?
Welche Vorteile und Nachteile hat die Orientierung an der Sonne?

2 Wieso zeigt ein Stabmagnet, der auf dem Tisch liegt, nach einiger Zeit nicht auch in die Nord-Süd-Richtung?

V3 Lege ein Uhrglas auf einen Teller und darauf einen Stabmagneten. Drehe das Uhrglas immer wieder in verschiedene Richtungen und beobachte.

Eigenschaften von Körpern und Stoffen

4.5 Pole in Wechselwirkung

Näherst du die Köpfe der beiden Hunde einander, dann beschnuppern sie sich plötzlich. Versuchst du das Gleiche mit Schnauze und Hinterteil, stoßen sie sich ab.

1 Schnuppernde Hunde

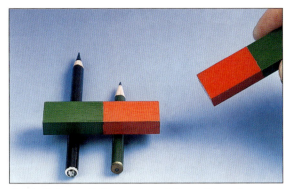

2 Die Pole von Stabmagneten wirken aufeinander.

In den Figuren sind Magnete eingebaut, die so wirken, wie du es in Versuch 1 ausprobieren kannst.
Dabei stellst du fest, dass sich der Nordpol des einen Magneten und der Südpol des zweiten Magneten anziehen, ebenso der Südpol und der Nordpol. Wenn du aber den Nordpol des einen Magneten dem Nordpol des anderen Magneten näherst, stoßen sie sich ab, ebenso die beiden Südpole.
Auch die zwei Stabmagnete im Glasbehälter in Bild 3 stoßen sich ab, wenn *gleichnamige Pole* übereinander liegen. Die Abstoßung ist so groß, dass es dir nur schwer gelingt, den schwebenden Magneten auf den anderen zu drücken.

Die gegenseitige Beeinflussung der Pole zweier Magnete heißt **magnetische Wechselwirkung**. Aus ihr lässt sich die *Pol-Regel* ableiten:

> Gleichnamige Pole stoßen sich ab. Ungleichnamige Pole ziehen sich an.

1 Du hast einen Stabmagneten, dessen Pole gekennzeichnet sind, und einen zweiten, an dem du Nord- und Südpol nicht erkennst. Finde heraus, welcher Pol der Nordpol und welcher der Südpol ist. Nenne zwei Möglichkeiten, wie du vorgehen kannst.
2 Wie müssten Magnete in den beiden Hunden angebracht sein, damit sie sich an den Köpfen anziehen und an den Hinterteilen abstoßen? Hilf dir mit einer Zeichnung, bei der du Nord- und Südpole einzeichnest.
3 Denke dir ein weiteres Spielzeug aus, bei dem Magnetpole aufeinander wirken.

V1 Lege einen Stabmagneten, dessen Pole gekennzeichnet sind, auf zwei runde Bleistifte wie in Bild 2. Nähere ihm den Pol eines zweiten Stabmagneten. Beobachte und beschreibe, was du siehst.
V2 Wiederhole V1 mit allen möglichen Anordnungen. Zeichne die Tabelle ab und kreuze an.

linker Magnet	rechter Magnet	stoßen sich ab	ziehen sich an
Nordpol	Südpol		
Nordpol	Nordpol		
Südpol	Nordpol		
Südpol	Südpol		

A3 Versuche aus der ausgefüllten Tabelle eine Regel für die Ergebnisse deiner Versuche zu formulieren.

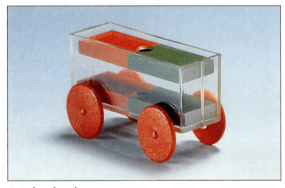

3 Schwebender Magnet

V4 a) Lege zwei Stabmagnete so in einen genau passenden Behälter übereinander, dass die gleichen Pole übereinander liegen. Was beobachtest du?
b) Drehe nun den oberen Stabmagneten um. Was beobachtest du nun?
Erkläre jeweils deine Beobachtungen.

Eigenschaften von Körpern und Stoffen

4.6 Die Erde ist ein Magnet

Unsere Erde ist ein riesengroßer Magnet mit zwei Magnetpolen. Wie bei jedem Magneten ist an den Polen die magnetische Wirkung am stärksten. Das magnetische Feld der Erde ähnelt dem Feld eines Stabmagneten. Es wirkt sehr weit in den Weltraum hinaus und konnte von den Astronauten sogar noch auf dem Mond gemessen werden.

Die Feldlinien des Magneten Erde geben die Richtung vor, in der sich frei bewegliche Stabmagnete ausrichten. Deshalb lässt sich überall auf der Erde mit frei beweglichen Stabmagneten die Nord-Süd-Richtung feststellen.

> Die Erde ist ein Magnet. Sie hat zwei magnetische Pole und ein Magnetfeld, das weit in den Weltraum hinausreicht.

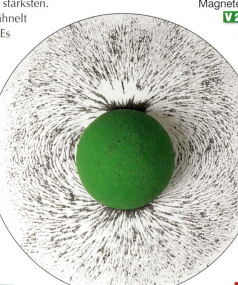

1 Modell: Die Erde als Magnet

A1 Beschreibe das Bild des magnetischen Feldes der Erde. Vergleiche es mit den Feldern dir bekannter Magnete.

V2 Lege einen Stabmagneten auf einen Karton. Decke ihn mit einer passenden Halbkugel aus Styropor oder Plastik so ab, dass der Rand der Halbkugel mit den Polen des Magneten abschließt.
Nun streue vorsichtig Eisenfeilspäne um die Halbkugel herum. Beschreibe das entstandene Bild des magnetischen Feldes.

A3 Begründe aus V2, warum das magnetische Feld der Erde mit dem Feld eines Stabmagneten verglichen werden kann.

1 Warum richten sich frei bewegliche Stabmagnete in Nord-Süd-Richtung aus? Begründe deine Antwort mit dem Feldlinienbild der Erde.

Streifzug durch die Geschichte — William Gilbert

Die Griechen kannten schon vor 2000 Jahren Magneteisensteine, die sich in Nord-Süd-Richtung drehten, wenn sie auf einem Holzbrett schwammen. Sie vermuteten, dass im Norden ein riesengroßer Berg aus Eisen sein müsste, nach dem sich der Magneteisenstein ausrichtete.
Ganz gestimmt hat diese Überlegung nicht, denn immer wies die gleiche Stelle eines Magneteisensteins nach Norden. Also war im Norden vielleicht nicht ein Berg aus Eisen, sondern möglicherweise ein riesiger Magnetberg? Oder gab es noch eine andere Erklärung?

Die Frage ließ auch WILLIAM GILBERT nicht los. Er war Arzt bei Königin Elizabeth I. von England und lebte von 1544–1603. Als erster Mensch hat er nachzuweisen versucht, dass die ganze Erde ein großer Magnet ist. Er ließ sich einen kugelförmigen Magneten herstellen. Das sollte ein Modell der Erde sein. An diesem Kugelmagneten machte er seine Messungen mit einem Instrument ähnlich einem Kompass und verglich die Werte immer wieder mit Messungen, die auf der Erde gemacht wurden. Dann schrieb er über seine Versuche ein Buch. Es heißt „Von den Magneten". Darin stand damals schon alles, was du auf dieser Seite über die Erde als Magnet gelernt hast.

2 William Gilbert

Eigenschaften von Körpern und Stoffen

4.7 Der Kompass weist die Nordrichtung

Die Erfahrungen der Menschen mit Magneteisensteinen und ihr Wissen über den Magnetismus der Erde haben zum Bau von Geräten geführt, die zur Richtungsanzeige benutzt werden können. Diese Geräte heißen **Kompass**. Bei Tag und Nacht und bei jeder Witterung geben sie überall auf der Erde an, wo Norden liegt.

V1 Lege einen Kompass auf den Tisch und warte, bis sich die Kompassnadel ausgependelt hat. In welche Himmelsrichtung zeigt der gekennzeichnete Teil der Kompassnadel?

V2 Führe nacheinander den Nordpol und den Südpol eines Stabmagneten an den Nordpol der Kompassnadel heran. Beschreibe und erkläre deine Beobachtung.

1 Wanderkompass (A); Schiffskompass (um 1750) (B)

2 Der Kompass in einer Blechdose

Im Kompass zeigt eine **Kompassnadel** die Nord-Süd-Richtung an. Sie ist ein Stabmagnet, wie du mit einem zweiten Magneten leicht nachweisen kannst. Kompassnadeln können auch benutzt werden, um das Feld irgendeines anderen Magneten nachzuweisen. Sie stellen sich immer in Richtung der magnetischen Feldlinien ein (Bild 3).

Die Richtungsanzeige der Magnetnadel kann durch Eisen verfälscht werden. Aus diesem Grund darf das Kompassgehäuse nicht aus Eisen sein.

V3 Lege einen Kompass auf den Tisch und warte, bis er sich in Nord-Süd-Richtung ausgerichtet hat. Lege einen zweiten Kompass in eine leere Konservendose. Drehe nun die Konservendose und vergleiche dabei jeweils die Stellungen der beiden Kompassnadeln. Erkläre die Beobachtung.

V4 Stelle rings um einen Stabmagneten wie in Bild 3 viele kleine Kompassnadeln auf und achte auf deren Ausrichtung. Beschreibe und erkläre.

A5 Was zeigt dir V4 im Vergleich zu dem Versuch, in dem magnetische Feldlinien mit Eisenfeilspänen sichtbar gemacht wurden?

> Die Kompassnadel ist ein kleiner Stabmagnet. Sie richtet sich entlang der magnetischen Feldlinien aus.

1 Wie würde sich die Kompassnadel in V2 verhalten, wenn sie kein Magnet wäre?

2 Versuche mit einer kleinen Kompassnadel herauszufinden, ob und wo Magnete in einer Kühlschranktür angebracht sind. Wie sind die Pole angeordnet?

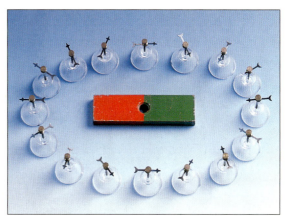

3 Kleine Magnetnadeln zeigen den Verlauf der Feldlinien.

Eigenschaften von Körpern und Stoffen

Pinnwand

DER KOMPASS

Die Teile eines Kompasses

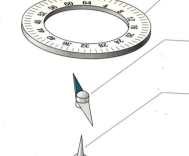

Einstellring: Auf ihm sind die *Marschzahlen* eingraviert.

Kompassnadel: Der Nordpol ist meistens eingefärbt

Lagerung der Kompassnadel: Sie ruht oft auf einem spitzen Stift. Bei manchen Instrumenten schwimmt die Nadel in einer Flüssigkeit.

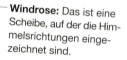

Marke: Missweisung

Windrose: Das ist eine Scheibe, auf der die Himmelsrichtungen eingezeichnet sind.

Kimme und Korn: Das sind zwei Markierungen, mit denen ein Ziel in der Landschaft anvisiert werden kann.

alte chinesische Windrose

alte italienische Windrose

moderne englische Windrose

Nord- und Südpol in Geografie und Physik

Die Geografie

Nord- und Südpol sind auf einer Weltkarte schnell zu finden. Der Nordpol liegt in der Arktis, auf einer Weltkarte ganz oben. Der Südpol liegt in der Antarktis, auf der Karte ganz unten.

Auf vielen Karten ist im Norden von Amerika – abseits vom Nordpol – der „arktische Magnetpol" eingezeichnet. Im Süden findest du auf der Karte südlich von Australien – abseits vom Südpol – den „antarktischen Magnetpol".

Die Physik

Der Nordpol der Kompassnadel zeigt nach Norden, weil er vom arktischen Magnetpol angezogen wird. Nach der Polregel muss dieser also ein magnetischer Südpol sein. Die Abweichung von der Richtung zum geografischen Nordpol wird *Missweisung* genannt.

Der Südpol der Kompassnadel zeigt nach Süden, zum antarktischen Magnetpol. Nach der Polregel muss der antarktische Magnetpol also ein magnetischer Nordpol sein.

1 Suche auf dem Globus den arktischen und den antarktischen Magnetpol.

Eigenschaften von Körpern und Stoffen

Orientierung auf der Erde

Streifzug durch die Geschichte

Wie orientierte sich ein Kapitän auf hoher See, bevor es den Kompass gab? Woher wusste er, in welche Richtung er segeln musste? Woher wussten die Karawanenführer in der Wüste, in welche Richtung die Karawane ziehen musste?

Die wichtigste Hilfe waren für sie am Tag die Sonne und in der Nacht die Sterne. Von den vielen Sternen steht einer unverändert im Norden. Es ist der Polarstern. Die Sonne steht genau im Süden, wenn sie ihre höchste Stelle im Tageslauf erreicht hat. Viele Jahrhunderte lang haben Seefahrer und Karawanenführer ihre Wege mithilfe von Sonne und Sternen gefunden. Eines Tages muss wohl jemand entdeckt haben, dass sich ein beweglich gelagerter Magneteisenstein immer in die Nord-Süd-Richtung dreht. Damit war der Kompass erfunden.

Die „Südweiser" der Chinesen

Schon vor 5000 Jahren sollen die Chinesen den Magneteisenstein als Kompass benutzt haben, allerdings als „Südweiser". Der Süden war für sie eine heilige Himmelsrichtung.

Vom Kaiser Hoang-ti wird die folgende Geschichte erzählt: Auf seinem Streitwagen stand die drehbare Figur einer Frau. Egal in welche Richtung der Wagen fuhr, ihr ausgestreckter Arm wies immer nach Süden. So fand der Kaiser auch mitten im Nebel den Weg zurück. Die Menschen damals bestaunten die Klugheit ihres Kaisers. Heute können wir vermuten, dass in der Figur ein Magneteisenstein eingebaut war.

Die „Nordweiser" der Seefahrer

Die europäischen Seefahrer hatten entdeckt, dass ein Magneteisenstein immer nach Norden zum Polarstern zeigt. Sie benutzten den Magneteisenstein als „Nordweiser", um ihren Weg zu finden. Die ersten Kompasse wurden in Europa vor etwa 500 Jahren verwendet.

Segeln nach Kompassangaben

Um den Kurs eines Schiffes festzulegen, benutzten die Portugiesen Seekarten mit Orientierungslinien. Von verschiedenen Punkten aus war ein Gitternetz aus Linien über die Karte gezeichnet. Die Ausgangspunkte der Linien waren Kompassangaben.

Eigenschaften von Körpern und Stoffen

Gemeinsames Lernen in Projekten

Die Klasse plant ein Projekt

Die Gruppen bearbeiten ihren Auftrag

Selbständiges Lernen macht viel Spaß, besonders wenn Gleichaltrige zusammen sind. Es klappt besser, wenn jeder seine Ideen einbringt. Mit diesem Buch könnt ihr nicht nur selbständig lernen, es werden euch auch Themen angeboten, die ihr in Gruppen bearbeiten könnt. Solche Themen findet ihr hier unter der Bezeichnung **Projekt**.

Ein Projektthema besprecht ihr zunächst gemeinsam. Es ist oft schon in einzelne Arbeitsaufträge zerlegt. Diese werden jeweils von einer Schülergruppe übernommen. Jede **Gruppe** arbeitet selbständig und unabhängig von den anderen. Natürlich ist auch euer Lehrer dabei, aber er ist in erster Linie Berater. Er gibt euch Tipps und Anregungen, wenn es einmal nicht recht vorangeht. Euer **Auftrag** führt zu Beobachtungen, Versuchen und zu Messungen. Als Hilfe für die Arbeit könnt ihr auch Bücher, Zeitschriften, Prospekte, Bilder, Videos oder den Computer benutzen. Manchmal ist es auch sinnvoll, Fachleute zu fragen.

- *Projektthema vereinbaren*
- *Projektthema in einzelne Arbeitsaufträge zerlegen*
- *Aufträge in Gruppen übernehmen*

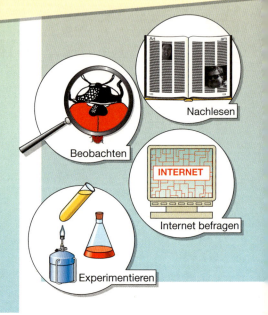

Beobachten · Nachlesen · Internet befragen · Experimentieren

Eigenschaften von Körpern und S...

Die Gruppen stellen ihre Ergebnisse vor

Die **Ergebnisse** der Beobachtungen, der Versuche, Befragungen oder Erkundungen stellt erst einmal jede Gruppe für sich zusammen. Damit alle Schüler der Klasse über die einzelnen Arbeitsergebnisse Bescheid wissen, trägt jede Gruppe ihre Ergebnisse den Mitschülern vor. Diese **Vorstellung** gibt somit jedem einen Überblick über alle wichtigen Teile des Projektthemas.

Die Ergebnisse eines Projekts sind oft auch für eine **Ausstellung** geeignet. Ihr könnt damit den anderen Schülerinnen und Schülern der Schule oder euren Eltern zeigen, was ihr erarbeitet und als Ergebnis herausgefunden habt. Bei größeren Projekten gibt es die Möglichkeit, die Ergebnisse im Schaufenster eines Geschäftes, in einer Bank oder gar im Rathaus auszustellen. Übersichtliche Zeichnungen und große Fotos machen Projektergebnisse besonders anschaulich. Gute Arbeiten könnt ihr auch in einer Zeitung veröffentlichen. Dazu müsst ihr die Ergebnisse besonders sorgfältig aufbereiten und sauber darstellen.

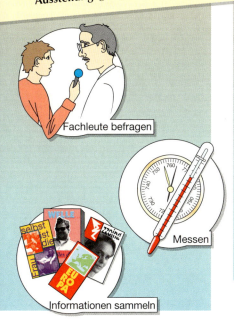

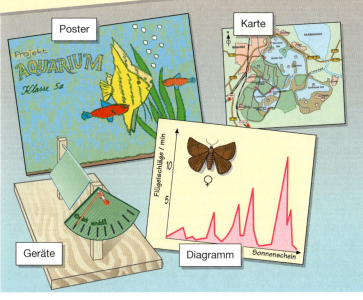

Eigenschaften von Körpern und Stoffen

Projekt — **Steckbriefe von Metallen und Nichtmetallen**

In diesem Projekt sollt ihr Steckbriefe von Metallen und Nichtmetallen erstellen. Steckbriefe sind genaue Beschreibungen, an denen jeder den Stoff erkennen kann. Aussehen und Geruch könnt ihr mit euren Sinnen feststellen. Die anderen Eigenschaften der Stoffe werden mit physikalischen Methoden untersucht. Möglichkeiten dazu habt ihr bereits kennen gelernt.

Aussehen
Zur Beschreibung können die Farbe und Wörter wie glatt, rau, eben, uneben, matt, glänzend, mit Riefen durchzogen, wachsartig, durchsichtig, Kristalle oder Pulver verwendet werden.

Geruch
Zur Beschreibung können folgende Angaben dienen: süßlich, stechend, fruchtig, wie Parfüm, säuerlich.

Härte
Durch Ritzen lässt sich feststellen, welcher von zwei Körpern aus dem härteren Stoff besteht. Der härtere Gegenstand ritzt dabei immer den weicheren. Bei dem bleibt ein Kratzer auf der Oberfläche zurück.
Versucht mit dem Fingernagel oder durch wechselseitiges Ritzen der Körper herauszufinden, welcher jeweils der härtere ist.
Erstellt eine Liste, beginnt mit dem weichsten Körper.
Bei wertvollen Gegenständen solltet ihr auf die Härteprüfung verzichten. Bei einem Pulver lässt sich die Härte natürlich nicht untersuchen.

Magnetisierbarkeit
Nähert dem Körper einen Magneten und überprüft, ob er magnetisierbar ist.

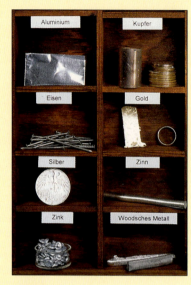

1 Metalle

2 Nichtmetalle

Verformbarkeit
Versucht vorsichtig die Körper zu verbiegen oder zusammenzudrücken. Achtet auf das Verhalten der Körper, wenn ihr sie wieder loslasst. Wenn der Körper seine ursprüngliche Form wieder einnimmt, ist er *elastisch*. Behält er aber die neue Form, ist er *plastisch*.

Dichte
Zur Dichtebestimmung messt ihr Masse und Volumen des Körpers.
Die Masse bestimmt ihr mit einer Waage und gebt sie in g an.
Das Volumen könnt ihr bei quaderförmigen Körpern errechnen, wenn ihr Länge, Breite und Höhe gemessen habt. Bei unregelmäßig geformten Körpern wird das Volumen mit der Differenz- oder Überlaufmethode bestimmt. Es wird in cm^3 angegeben.
Das Volumen eines Pulvers lässt sich mit einem Messzylinder bestimmen.

Steckbrief
Aussehen: gelb, glatt
Geruch: süßlich
Härte: mit Fingernagel ritzbar
Magnetisierbarkeit: nicht magnetisierbar
Verformbarkeit: plastisch
Dichte: 0,95 $\frac{g}{cm^3}$

Stoff: Bienenwachs

Eigenschaften von Körpern und Stoffen

Bau eines Kompasses

Projekt

Ein Kompass kann unterschiedlich gebaut sein. Wichtig ist nur, dass er eine frei drehbare Kompassnadel und eine Windrose hat. Die Bilder unten zeigen drei Möglichkeiten, wie ein Kompass aussehen könnte. Sicher habt ihr noch eigene Ideen, einen Kompass herzustellen.

Es ist sinnvoll, dass ihr in mindestens 3 Gruppen arbeitet. Jede Gruppe wählt sich ein Modell und baut dieses. Am Ende der Arbeit erklärt jede Gruppe den Mitschülern, wie sie ihren Kompass gebaut und welche Einzelteile und welches Werkzeug sie verwendet hat. Wenn jeder von euch einen eigenen Kompass mit nach Hause nehmen möchte, solltet ihr in eurer Gruppe gleich die notwendige Anzahl von Geräten basteln.

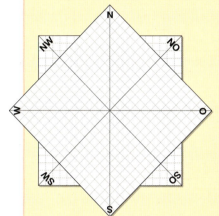

Herstellung einer Windrose

Schneidet aus Papier zwei Quadrate mit 10 cm Seitenlänge aus. Faltet diese längs ihrer Mittellinien und längs ihrer Diagonalen. Legt sie dann so aufeinander, dass die Mittellinien eines Quadrates auf den Diagonalen des anderen liegen. Die Mittelpunkte beider Quadrate liegen dann genau übereinander. Klebt die Quadrate in dieser Lage zusammen. Ihr habt jetzt die Windrose als achteckigen Stern. Es fehlen nur noch die Himmelsrichtungen. Schreibt sie auf die Spitzen der Windrose. Erstellt einen genau gleichen zweiten Stern. Klebt ihn so auf den ersten, dass seine Spitzen genau zwischen den Spitzen des ersten liegen. Ergänzt die noch fehlenden Himmelsrichtungen.

Materialvorschläge

– für den **Nadelfuß** oder für den **Schwimmkörper:**
Korken, Holzbrettchen, Styroporscheibe, Kerzen, Schraubverschlüsse von Flaschen oder Gläsern
– für die **Trägernadel:**
Stopf- oder Nähnadeln; dünne, lange Nägel; Reißnägel

> **Achtung:** Nadelspitzen bei Nichtgebrauch mit einem Korken schützen.

– für die **Flüssigkeit:**
Wasser, Speiseöl, Glycerin
– für die **Kompassnadel:**
aufgebogene Briefklammer; Nähnadel, die durch einen Druckknopf gesteckt wird; Stahlnagel; Lasche eines Schnellhefters, die in der Mitte eine Vertiefung haben muss; eine stumpf gemachte Rasierklinge

> Vergesst das Magnetisieren nicht!

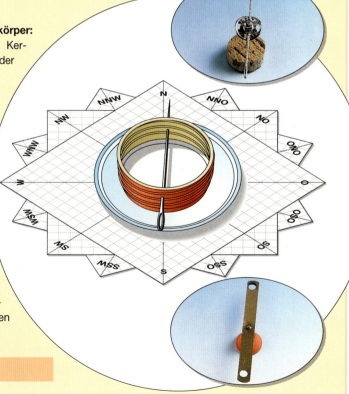

Auf einen Blick   # Eigenschaften von Körpern und Stoffen

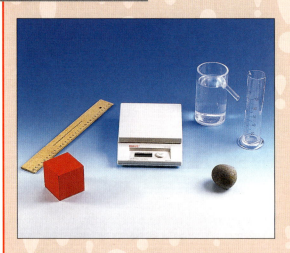

1. Alle Gegenstände bestehen aus Stoffen. In der Physik heißen sie Körper. Sie können fest, flüssig oder gasförmig sein.

2. Feste Körper haben eine feste Form und ein bestimmtes Volumen.

3. Flüssige Körper nehmen die Form des Gefäßes an, in dem sie sich befinden. Beim Umgießen in ein anderes Gefäß ändert sich die Form des Körpers, das Volumen bleibt dabei aber erhalten.

4. Gasförmige Körper können sowohl ihre Form als auch ihr Volumen ändern.

5. Alle Körper haben ein Volumen. Bei Quadern kann es mit einem Maßstab bestimmt werden. Dazu müssen Länge l, Breite b und Höhe h gemessen werden. Die Formel zur Berechnung lautet $V = l \cdot b \cdot h$. Die Einheiten der drei Größen müssen gleich sein.

6. Das Volumen von unregelmäßig geformten Körpern kann mit einem Messzylinder oder mit dem Überlaufgefäß nach der Differenz- oder Überlaufmethode bestimmt werden.

7. Das Volumen wird in Kubikzentimeter (cm^3) oder in Liter (l) angegeben.

8. Alle Körper haben eine Masse. Sie ändert sich nicht, wenn der Körper seine Form ändert. Die Masse eines Körpers lässt sich mit einer Waage in Gramm (g) oder in Kilogramm (kg) bestimmen.

9. Die Dichte ist eine den Stoff kennzeichnende Eigenschaft:
Dichte = $\frac{Masse}{Volumen}$; $\varrho = \frac{m}{V}$.
Die Dichte von Wasser beträgt $\varrho = 1 \frac{g}{cm^3}$.

10. Gegenstände aus Eisen, Nickel und Cobalt können magnetisiert und entmagnetisiert werden.

11. Es gibt Dauer- und Elektromagnete.

12. Pole sind die Stellen stärkster magnetischer Anziehung. Gleichnamige Pole stoßen sich ab. Ungleichnamige Pole ziehen sich an.

13. Magnete sind von einem Magnetfeld umgeben. Damit wirken sie in den Raum.

14. Magnetische Felder werden durch Gegenstände aus Eisen, Nickel oder Cobalt abgeschirmt.
Die magnetischen Felder durchdringen Gegenstände aus allen anderen Stoffen.

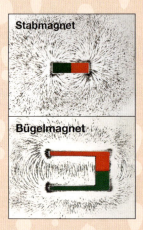

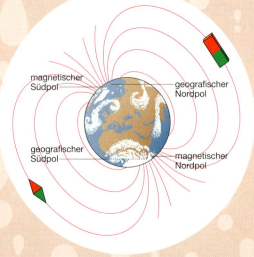

Magnetfeld der Erde

Eigenschaften von Körpern und Stoffen

Prüfe dein Wissen

1 Zähle feste, flüssige und gasförmige Körper auf und nenne ihre Eigenschaften.
2 Worin besteht der Unterschied zwischen Körper und Stoff?
3 Aus welchen Stoffen bestehen der Rahmen, der Reifen und das Innere des Schlauches beim Fahrrad? Begründe, dass alle drei Gegenstände Körper sind.

4 Nenne Beispiele
a) für gleiche Körper aus unterschiedlichen Stoffen.
b) für verschiedene Körper aus dem gleichen Stoff.
5 Was bedeutet die Aussage: Alle Körper nehmen einen Raum ein?
6 Zähle Körper auf, deren Volumen du leicht berechnen kannst.
7 Wie kannst du das Volumen von festen Körpern bestimmen, die nicht quaderförmig sind?
8 Beschreibe, wie du das Volumen einer Flüssigkeit bestimmen kannst.
9 Wie lässt sich das Volumen einer Glaskugel bestimmen?
10 Beschreibe, wie du das Volumen des Glases bestimmst, aus dem eine Flasche besteht.
11 a) In einem Zylinder befinden sich 35 ml Wasser. Ein Körper wird eingetaucht, jetzt steht das Wasser bei 47 ml. Wie groß ist das Volumen des Körpers?
b) Der Körper hat eine Masse von 94,8 g. Aus welchem Material besteht er?
12 Welche Eigenschaft eines Körpers bestimmst du mit einer Waage?
13 Wie kannst du einen Körper wägen, wenn du eine Waage ohne Anzeige benutzen musst?
14 Du hast einen Wägesatz mit Wägestücken bis 50 g. Welche Gesamtmasse könntest du mit diesem Wägesatz messen?
15 Beschreibe die Wägung eines beliebigen Körpers mit einer Tafelwaage.

16 Was verstehst du unter der Dichte eines Stoffes?
17 3 dm^3 Sand wiegen 7,5 kg. Wie groß ist die Dichte?
18 Warum ist die Dichte von trockenem Sand kleiner als die Dichte von nassem Sand?
19 Manche Taschenlampen sind mit einem Magneten versehen. Wo kannst du diese überall anheften? Warum haften sie nicht an allen Gegenständen?
20 Beschreibe Vor- und Nachteile eines Elektromagneten gegenüber einem Dauermagneten.
21 Warum lässt sich auf einem Schrottplatz kein Dauermagnet einsetzen?
22 Zeichne den folgenden Magneten ab.
a) Markiere die Stellen mit der stärksten magnetischen Wirkung.
b) Benenne diese Stellen.
c) Zeichne sein Magnetfeld.
d) Zeichne in das Magnetfeld an verschiedenen Stellen Magnetnadeln ein.

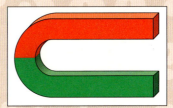

23 Im 18. Jahrhundert hat die englische Marine viele Versuche gemacht, um ein geeignetes Material für das Gehäuse eines Schiffskompasses zu finden. Die Schiffsbaumeister haben sich für Messing entschieden. Warum?
24 a) Benenne die Einzelteile eines Kompasses und beschreibe ihre Funktionsweise.
b) Wozu dient ein Kompass?
25 Welche Kompasse sind defekt?

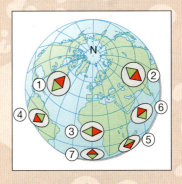

26 Warum zeigt der Nordpol der Kompassnadel nach Norden? Begründe deine Antwort mit der Pol-Regel.
27 Wenn du einen Schraubendreher lange Zeit in Nord-Süd-Richtung liegen lässt, ist er danach magnetisch. Wie ist das zu erklären?

Müll – ein Problem unserer Zeit

1 Wohin mit dem vielen Müll?

Butterbrotpapier, leere Tintenpatronen, benutzte Papiertaschentücher, Getränkedosen, alles Sachen für den Müll. Jennys Schultasche ist voll davon. Jetzt will sie endlich aufräumen und alles richtig entsorgen. Jenny weiß, dass sie verschiedene Mülltonnen benutzen muss. „Wie viel Müll wir doch machen!", denkt sie. Jede Woche müssen deshalb Mülltonnen geleert oder Säcke abtransportiert werden.

Doch wo bleibt der Müll, den die Müllautos Woche für Woche wegfahren? Ein Teil des Mülls wird auf Mülldeponien gelagert, ein Teil zu Kompostieranlagen gebracht oder in großen Müllverbrennungsanlagen verbrannt. Andere Abfälle werden als Wertstoffe eingesammelt und neu aufbereitet. Obwohl sehr viel Müll wieder verwertet werden kann, ist die Menge des Restmülls noch sehr hoch.

Müll – ein Problem unserer Zeit

1.1 Die Tonne ist schon wieder voll!

Jeden Tag siehst du Müllautos, die unterwegs sind, um unseren Müll einzusammeln. Ob grüne, braune, graue, gelbe Tonnen, gelbe Säcke oder Glassammelbehälter, alle müssen regelmäßig nach einer Woche oder nach zwei Wochen geleert werden.

Jeder Einwohner Deutschlands verursacht in einem Jahr im Durchschnitt etwa 300 kg Müll. Bei einer Familie mit vier Personen sind das schon 1200 kg. Diesen Müll müssen die Müllfahrzeuge jedes Jahr abtransportieren.

1 Der Müll steht uns bis zum Hals!

A1 Welche Müllsammelsysteme gibt es in eurem Haushalt? Was wird darin entsorgt?

V2 a) Sammle den Müll deiner Familie über den Zeitraum von einer Woche in Müllbeuteln. Sortiere dabei den Müll so, wie es in deiner Gemeinde vorgeschrieben ist.
b) Bestimme die Menge des Mülls mit einer Waage und notiere deine Ergebnisse.
c) Addiere die Ergebnisse und berechne die gesamte Masse des Mülls von einer Woche.

A3 In welchem Sammelgefäß befand sich der meiste Müll? Notiere deine Ergebnisse in einer Reihenfolge. Vergleiche sie mit den Werten aus V 2 b).

2 Aufwändig verpackte Produkte

3 Die Produkte ohne ihre Verpackung

Müll lässt sich vermeiden

Wenn du eingekauft hast, wirst du feststellen, dass du nicht nur Lebensmittel mit nach Hause gebracht hast, sondern auch eine Menge Müll. Einige Produkte sind zum Schutz oder zur Sicherheit in Kartons, Schaumstoff oder Plastikfolie eingepackt. Andere Produkte sind nur deshalb aufwändig verpackt, damit sie wertvoller erscheinen. Schon beim Einkaufen können wir deshalb alle dazu beitragen, den Müllberg nicht weiter zu vergrößern.

Aber auch die Hersteller von Produkten müssen darauf achten, dass kein unnötiger Verpackungsmüll entsteht oder dass sie Verpackungen benutzen, die aus Recyclingmaterial hergestellt sind.

Immer wieder müssen wir uns bemühen, möglichst wenig Müll zu produzieren. Inzwischen kannst du manche Waren sparsam verpackt oder lose kaufen. Einige Produkte werden nicht nur in Einwegverpackungen angeboten, sondern du kannst sie auch in Pfandflaschen oder Pfandgläsern erhalten.

> Die Müllmenge kann nur dann verringert werden, wenn jeder unnötigen Müll vermeidet.

1 Notiere in einem Supermarkt oder Baumarkt die Produkte, die sowohl lose als auch verpackt angeboten werden. Warum gibt es beide Möglichkeiten?
2 Was sind die Vorteile einer Pfandflasche?

Müll – ein Problem unserer Zeit

1.2 Was bedeutet der grüne Punkt?

Auch du kennst den **grünen Punkt** aus dem Alltag. Betrachtest du verschiedene Produkte, wirst du feststellen, dass er fast überall aufgedruckt ist: auf Jogurtbechern, auf Shampooflaschen, auf Milch- und Plastiktüten sowie auf Getränke- und Konservendosen. Doch was bedeutet er genau?

Zunächst musst du wissen, dass nur die Produkte den grünen Punkt tragen dürfen, deren Verpackungsmaterial zur Wiederverwertung genutzt werden kann. Dazu zählen Papier, Glas, Metall, Kunststoff und Verbundmaterialien. Aber nicht jeder Artikel mit diesen Verpackungen darf den grünen Punkt tragen. Der grüne Punkt ist ein Zeichen, dass Firmen, zum Beispiel Verpackungshersteller, mit der Firma Duales System Deutschland AG einen Vertrag geschlossen haben. Mit diesem Vertrag versprechen diese Unternehmen Geld zu zahlen, damit die gebrauchten Verpackungen gesammelt, sortiert und wieder verwertet werden. Gleichzeitig verpflichtet sich das Duale System, den Müll mit dem grünen Punkt einzusammeln und zu verwerten.

Schon in den Kaufhäusern findest du Möglichkeiten, den Verpackungsmüll in Wertstofftonnen oder -säcken zu entsorgen. In den Haushalten wird ebenfalls eifrig gesammelt und sortiert. Die öffentliche Müllabfuhr oder private Entsorgungsunternehmen übernehmen den Abtransport der Wertstoffe.

A1 Schau in den Küchenschrank und notiere verschiedene Produkte, die den grünen Punkt tragen.

A2 Wie werden die Verpackungen der Produkte entsorgt?

Metalle, Verbundstoffe, Kunststoffe

Papier, Pappe, Karton

Glas, nach Farben sortiert

> Der grüne Punkt wird nur auf die Verpackungen und Behälter aufgedruckt, die aus Wertstoffen wie Papier, Glas, Verbundstoffen, Kunststoffen oder Metall hergestellt sind. Die Hersteller dieser Produkte müssen einen Vertrag mit dem Dualen System geschlossen haben.

1 Wozu dienen Verpackungen?

1 Verpackungen im Kreislauf

Müll – ein Problem unserer Zeit

1 Müllfahrzeuge holen unseren Müll ab.

1.3 Der Restmüll – wohin damit?

Staubsaugerbeutel, Porzellan, stark verschmutztes Papier, Windeln, Asche, gebrauchte Papiertaschentücher oder Hygienepapiere und vieles mehr werfen wir täglich in die Restmülltonne. Jeder von uns produziert im Jahr ungefähr 200 kg Abfälle, die nicht wieder verwertet werden können. Viele Müllautos transportieren täglich diese großen Mengen Müll zu den **Mülldeponien**. Dort warten schwere Müllwalzen, um die neue Müllschicht zusammenzudrücken. Der Müll wird *verdichtet*, weil der *Deponieraum* in Deutschland knapp ist. Eine neue Deponie anzulegen ist teuer, denn das Grundwasser, der Boden und die Luft müssen geschützt werden. Das muss sorgfältig geplant werden und kostet sehr viel Geld.

Ein Viertel des Restmülls in Deutschland wird in **Müllverbrennungsanlagen** verbrannt. Hier muss darauf geachtet werden, dass beim Verbrennen die Luft nicht übermäßig verschmutzt wird. Daher werden mithilfe von aufwändigen Reinigungsanlagen die Schadstoffe weitgehend entfernt.

> Nicht verwertbare Abfälle sind Restmüll. Er wird deponiert oder verbrannt.

2 Restmülltonne

1 Erkundige dich, wo euer Restmüll deponiert oder verbrannt wird.

3 Müllfahrzeuge bringen unseren Müll zur Hausmülldeponie.

Müll – ein Problem unserer Zeit

2 Müll trennen und verwerten

2.1 Müll sortieren

Müll ist nicht gleich Müll. Wenn du dein Zimmer aufräumst, entscheidest du, in welchen Müllbehälter du deine leeren Tintenpatronen, das zerknüllte Papier, den farbigen Karton oder den kaputten Bleistiftanspitzer wirfst. Vieles wandert in die Wertstofftonne oder den gelben Sack. Du sortierst deinen Müll vor. Damit trennst du die Wertstoffe von anderen Abfällen.

V1 Stelle eine Probepackung mit gereinigtem Müll zusammen. Sammele dazu alle Abfälle, die du auch in die Wertstofftonne oder den gelben Sack geben würdest. Deine Probepackung sollte verschiedene Papierabfälle, Kartons, unterschiedliche Kunststoffe und Metalle enthalten.

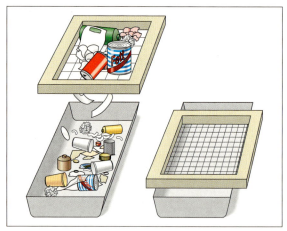

2 Trennen mit Sieben

1 Die Wertstofftonne

V2 Baue zwei Siebe aus Draht mit Maschenweiten von 10 cm und 15 cm wie in Bild 2. Nimm drei Auffangbehälter und siebe deinen Müll. Beginne dabei mit dem grobmaschigen Sieb.
Betrachte und beschreibe die Ergebnisse.

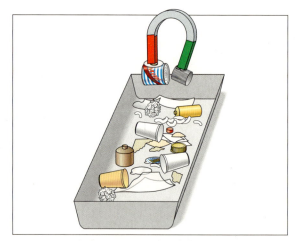

3 Trennen mit dem Dauer- oder Elektromagneten

Die Wertstoffe, die du sammelst, werden in **Müllsortieranlagen** gebracht. Dort werden die Wertstoffe in ihre Bestandteile getrennt. Aus diesen können dann wieder neue Dinge hergestellt werden. Deshalb ist es wichtig, dass du den wertvollen Müll vom Restmüll trennst. Das schont unsere Umwelt.
Wertstoffe sind unter anderem Papiere und Kartons, Folien, Plastikflaschen, Kunststoffbecher, Dosen, Deckel, Kunststofftaschen und Aluminiumschalen oder Aluminiumfolie.

V3 Halte einen Dauermagneten an den Müll. Welche Stoffe werden vom Magneten angezogen?
V4 Wiederhole V3 mit einem Elektromagneten. Berichte und erkläre den Unterschied zum Ergebnis des Versuches mit dem Dauermagneten.

V5 Baue einen Windsichter wie in Bild 4. Besorge dazu einen Föhn, dessen Luftstrom du regulieren kannst. Außerdem benötigst du eine Röhre aus Pappe oder Kunststoff. Der Föhn wird dabei so an der Röhre angebracht, dass die Luft durch die schräg nach oben gestellte Röhre gepustet wird.

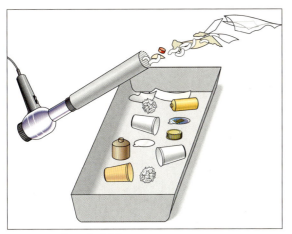

4 Trennen im Windsichter

V6 Gib in die schräg gestellte Röhre deines Windsichters verschiedene Materialien deiner Probepackung Müll. Was stellst du fest?

V7 Ändere in V 6 die Einstellungen des Luftstroms. Was geschieht? Beschreibe deine Beobachtungen.

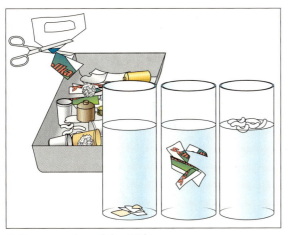

5 Trennen aufgrund der Dichte

V8 Wähle verschiedene Kunststoffe aus deiner Müllsammlung aus. Zerkleinere sie mit einer Schere. Gib die etwa gleich großen Stücke nacheinander in Wasser wie in Bild 5. Notiere, welche Unterschiede du feststellen kannst.

Müll – ein Problem unserer Zeit

Was passiert in der Müllsortieranlage?

Die Wertstoffe, die du in der Schule oder zu Hause sammelst, werden von Müllwagen eingesammelt. Diese fahren zu einer Müllsortieranlage. Dort kommt der Müll auf ein langes Förderband.

Zuerst werden Wertstoffe nach ihrer *Größe* getrennt. Durch ein **Sieb**, das ständig bewegt wird, fallen die kleinen Teile hindurch und werden so von den größeren Teilen getrennt. Größere Verpackungen aus Aluminium, Kunststoff und Verbundstoffen werden dann aussortiert. Dieses **Auslesen** geschieht meistens per Hand.

Danach wird mit **Windsichtern** nach der *Masse* sortiert. Windsichter sind starke Gebläse. Sie blasen die leichten Plastikverpackungen, Papier und Pappe vom Fließband weg.

Nun werden alle Teile aus den *Metallen* Eisen, Nickel und Cobalt mit **Elektromagneten** herausgeholt. Mit den abschaltbaren Elektromagneten lassen sich die Metallteile in die richtigen Behälter sortieren.

Der Wertstoffhaufen ist jetzt schon viel kleiner geworden und enthält fast nur noch Kunststoffe und Aluminium. Die Kunststoffreste werden in gleich große Teile zerkleinert und aufgrund der unterschiedlichen *Dichte* der Stoffe getrennt. Im **Wasser** oder in einer **Salzlösung** schwimmen die Stoffe oder sie sinken auf den Boden und können so zurückgewonnen werden.

Recycling von Wertstoffen

Zum Schluss sind die verschiedenen Wertstoffe nach Sorten getrennt. Sie werden **Müllfraktionen** genannt. Es sind Kunststoffe, Metalle, Aluminium, Verbundstoffe, Papiere. Jede Fraktion wird zusammengepresst. Aus den Wertstoffen stellen Firmen wieder etwas Neues her. Diese Wiederverwertung wird **Recycling** genannt.
Die verschiedenen Metalle werden eingeschmolzen. Das Papier und die Pappe nutzt die Papierindustrie als Rohstoff. Die Kunststoffe werden nochmals in die einzelnen Sorten getrennt. Dann können sie von der Kunststoffindustrie weiterverarbeitet werden.

> Der Inhalt der gelben Säcke oder Tonnen wird in Fraktionen getrennt. Jede Fraktion ist ein Wertstoff.

1 Nenne die Gegenstände, die in den einzelnen Fraktionen anfallen.

Müll – ein Problem unserer Zeit

2.2 Endlich getrennt – Müll als Rohstoff

Viele Abfälle und Reste sind wertvolle Rohstoffe und können mehrfach wieder verwendet werden. Dazu gehören Papier, Glas und der Inhalt der gelben Säcke oder Tonnen.

Durch besondere Sammlungen können gut erhaltene Bekleidung und Schuhe Bedürftigen zur Verfügung gestellt werden. Des Weiteren können Textilien auch zerkleinert werden und als wertvoller Rohstoff bei der Papierherstellung dienen.

Auch nach der Sperrmüllabfuhr werden noch verwendbare Dinge auf Recyclinghöfen aussortiert, bevor die Reste zur Mülldeponie gebracht werden.

Der Inhalt der Biotonnen wird kompostiert und später als Gartenerde verwendet. Nur der Restmüll wird deponiert.

Etwa ein Drittel des Restmülls besteht noch aus Papier, Kunststoffen und Metallen, weil nicht sorgfältig genug getrennt wurde. In besonderen Anlagen für die Restabfallbehandlung können auch diese wieder verwertbaren Stoffe zurückgewonnen werden.

Die Problemstoffe werden auf Sondermülldeponien gelagert.

Die Wiederverwertung von Abfällen und Resten aus den Haushalten spart teure Rohstoffe und verringert die Müllmenge, die auf Deponien gelagert werden muss.

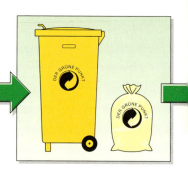

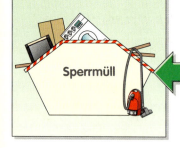

1 Mülltrennung in Deutschland

Müll – ein Problem unserer Zeit

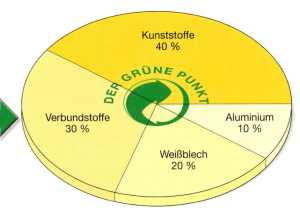

2 Inhalt der gelben Säcke oder Tonnen

Der Inhalt der gelben Säcke oder der gelben Tonnen besteht überwiegend aus **Kunststoffen** aller Art. Reine Kunststoffsorten können erneut zu Kunststoffgegenständen verarbeitet werden. Vermischte Kunststoffsorten können zum Beispiel als Erdölersatz in Hochöfen verbrannt werden.

Getränkekartons sind **Verbundverpackungen,** die aus Papier, Kunststoff und Aluminium bestehen. Das Papier wird abgetrennt und wieder verwertet. Der Rest wird bei der Zementherstellung verwendet.

Fast alle Konservendosen bestehen aus **Stahlblech.** Es kann zu neuem Stahl eingeschmolzen werden.

Auch das **Aluminium** der Getränkedosen und anderer Verpackungen wird wieder verwendet. Es wird geschmolzen und zu neuen Produkten verarbeitet.

3 Papierrecycling

Altpapier und Kartons werden zerkleinert. Danach werden Fremdstoffe wie Metalle abgeschieden. Der Papierbrei wird entfärbt und zu Recyclingpapier verarbeitet. Daraus werden Briefumschläge, Zeitungspapier, Toilettenpapier und Kartons hergestellt.

Das Altglas, das nach Farben getrennt gesammelt wurde, wird zerkleinert. Metalle und Papierreste werden automatisch aussortiert. Dann wird das Glas geschmolzen und dient als Zusatz zur Herstellung neuer Flaschen und Gläser.

4 Glasrecycling

Getrennte Müllsammlungen sind die Voraussetzung für eine Wiederverwertung von teuren Rohstoffen. Sie sorgen dafür, dass nicht noch mehr Mülldeponien entstehen müssen.

1 In welche Müllsorten kann unser Abfall bereits zu Hause getrennt werden?
2 Wie ist das Sammeln von Biomüll, Altpapier, Altglas, Textilien und Sperrmüll in deiner Gemeinde organisiert?

Müll – ein Problem unserer Zeit

Projekt   **Papierherstellung**

1 Materialien für die Papierherstellung

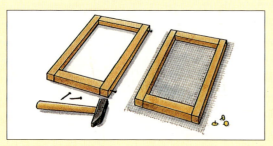

2 Herstellung des Form- und Siebrahmens

3 Papierbrei herstellen – Schritt 1

4 Papierbrei herstellen – Schritt 2

In diesem Projekt könnt ihr aus verschiedenen Sorten Altpapier neues Papier herstellen. Zur Herstellung von solchem **selbstgeschöpftem Papier** eignen sich alte Zeitungen, Pappe oder Eierkartons. Außerdem könnt ihr auch Zellstoff und bereits beschriebenes weißes Papier nehmen.
Bildet fünf Gruppen und wählt in jeder Gruppe das Ausgangsmaterial zur Papierherstellung aus.

1. Form- und Siebrahmen herstellen

Materialien und Werkzeuge: Lange, glatte Holzleisten aus Fichte oder Kiefer (Stärke: 25 mm x 20 mm) Nägel, Schrauben und Winkel, Reißnägel oder Heftklammern. Diese Materialien dürfen nicht rosten. Wasserfester Leim, Bootslack, Fliegengitter, Hammer, Schraubendreher, Metermaß, Bleistift.

Ausführung: Zuerst baut ihr den *Formrahmen*. Sägt dazu je 2 Holzleisten mit einer Länge von 21 cm und 2 Leisten mit einer Länge von 35 cm ab. Legt die Holzleisten zu einem Rechteck zusammen. Bestreicht die Berührungsstellen mit Holzleim. Mit Nägeln, Schrauben und Winkeln wird der Rahmen fest zusammengebaut. Anschließend streicht ihr ihn mit Bootslack, damit er wasserfest wird.

Baut jetzt ebenso den *Siebrahmen* zusammen und streicht ihn ebenfalls mit Bootslack. Danach wird das Fliegengitter auf dem Siebrahmen fest aufgespannt und an den Außenkanten mithilfe der Reißnägel oder Heftklammern befestigt.

Müll – ein Problem unserer Zeit

2. Papierbrei herstellen

Material: Altpapier, 2 Messbecher (ca. 1,5 Liter), Wanne oder Schüssel (etwas größer als die Schöpfform), Holzlöffel, Mixer

Ausführung: Bereitet den Papierbrei bereits einen Tag vor der Papierherstellung. Zerreißt dazu das Altpapier in kleine Stücke und verteilt es auf die mit 1 Liter Wasser gefüllten Messbecher. Es wird so viel Papier oder Pappe zugegeben, bis ein dicker Brei entstanden ist.
Rührt gut um und lasst alles über Nacht stehen. Am nächsten Tag wird der Brei mit dem Mixer gut durchgerührt. Zum Schöpfen wird der Brei in die Wanne gegeben. Gießt anschließend 9 Liter Wasser hinzu. Rührt alles noch einmal durch, damit sich die Fasern im Wasser gut verteilen.

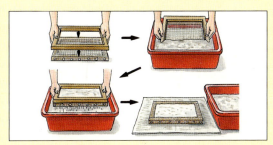

5 *Papier schöpfen*

3. Papier schöpfen

Material: Form- und Siebrahmen, altes Handtuch oder alte Zeitungen

Ausführung: Beim Schöpfen werden Form- und Siebrahmen aufeinandergelegt und fest zusammengehalten. Taucht die Schöpfform in den Faserbrei ein und hebt sie langsam aus der Wanne heraus. Lasst das Wasser abtropfen. Setzt die Form dann auf dem Handtuch oder den alten Zeitungen ab.

6 *Papier pressen*

4. Entwässern und Trocknen

Material: zwei Filzplatten oder Pappe in der Größe der Schöpfform, Teigroller, Wäscheleine

Ausführung: Entfernt vorsichtig den Formrahmen. Legt eine Filzplatte oder eine Pappe auf das geschöpfte Blatt. Dreht den Siebrahmen mit dem Blatt und dem Filz herum und trocknet das Blatt von der Rückseite her mit dem Handtuch. Entfernt vorsichtig den Siebrahmen. Legt eine zweite Filzplatte oder Pappe auf das geschöpfte Papier. Presst mit dem Teigroller das restliche Wasser aus dem Papier heraus. Hängt es zum Trocknen auf die Wäscheleine. Ihr könnt es auch zwischen zwei Löschblätter legen und mit einem Bügeleisen trocken bügeln.

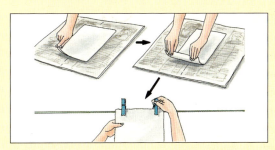

7 *Papier trocknen*

Tipps und Tricks

Wasserzeichen – zum Beispiel die Anfangsbuchstaben eurer Namen – erhaltet ihr, wenn ihr vor dem Schöpfen die Buchstaben mit sehr dünnem Kupferdraht formt und dann mit dünnem Nähgarn auf das Sieb bindet.

Tintenfestes Papier erhaltet ihr, wenn dem Faserbrei angerührter Tapetenkleister oder 100 ml Weißleim zugesetzt wird.

Farbiges Papier bekommt ihr, wenn ihr schon während des Einweichens stark färbende Papiere wie Seiden- oder Krepppapier dazugebt. Auch durch die Zugabe von Tee, Kaffee, Rote-Beete-Saft oder Naturfarbstoffen wird euer selbstgeschöpftes Papier gefärbt.

53

2.3 Müllverbrennungsanlage

Jährlich bleiben in der Bundesrepublik über 35 Millionen Tonnen Restmüll übrig. Dieser wird entweder auf *Mülldeponien* gelagert oder in **Müllverbrennungsanlagen** verbrannt. Die Menge des Mülls verringert sich dabei erheblich.

In einer Müllverbrennungsanlage transportiert eine Krananlage den Abfall aus dem Müllbunker in den Aufgabetrichter. Von dort gelangt er in den Verbrennungsraum, wo er auf Gitterrosten verbrannt wird.

Bevor die Abgase über den Kamin in die Luft entweichen, werden Staub und schädliche Bestandteile fast vollständig entfernt.
Trotz dieser aufwändigen Reinigung kommen aber immer noch erhebliche Schadstoffmengen aus den Schornsteinen der Anlagen, weil die Abgasmengen insgesamt sehr groß sind.

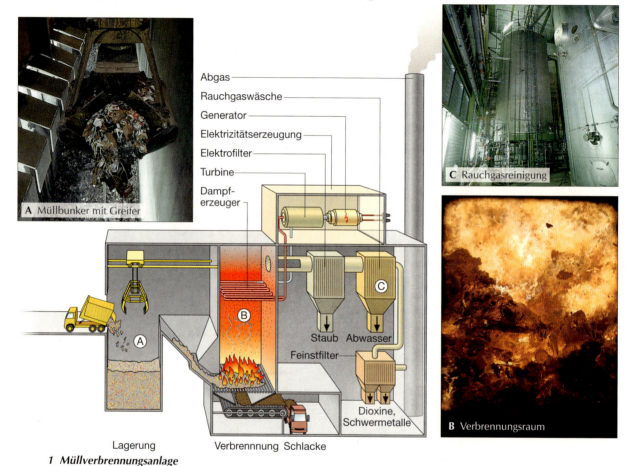

1 *Müllverbrennungsanlage*

Bei der Verbrennung entstehen Abgase mit Temperaturen von 850 Grad bis 1000 Grad. Die heißen Abgase erhitzen in einem Rohrsystem Wasser zu Dampf. Er wird über 500 Grad heiß und steht unter hohem Druck. Im angeschlossenen Kraftwerk wird er zur Erzeugung von Elektrizität genutzt.
Auch zum Heizen von Wohnungen und Erwärmen von Bade- und Duschwasser kann der heiße Dampf eingesetzt werden. Dazu erwärmt er in Wärmetauschern Wasser, das dann die Wärme in Fernwärmenetzen zum Verbraucher transportiert.

> In Müllverbrennungsanlagen wird Restmüll verbrannt. Mit der dabei entstehenden Wärme wird Elektrizität erzeugt oder über ein Fernwärmenetz werden Wohnungen geheizt. Trotz der aufwändigen Abgasreinigung werden immer noch Schadstoffe an die Luft abgegeben.

1 Nenne Vor- und Nachteile einer Müllverbrennungsanlage.

Müll – ein Problem unserer Zeit

Auf einen Blick

1. Müllmengen werden nur dann geringer, wenn unnötiger Müll vermieden wird.

2. Müllvermeidung geht vor Müllverwertung.

3. Müll besteht aus verschiedenen Müllsorten. Getrennte Müllsammlungen sind die Voraussetzung für eine Wiederverwertung.

4. Verpackungen und Behälter mit dem grünen Punkt sind aus Wertstoffen wie Papier, Glas, Kunststoffen und Metall hergestellt. Sie können wieder verwendet werden.

5. Abfälle, die nicht wieder verwertet werden können, sind Restmüll.

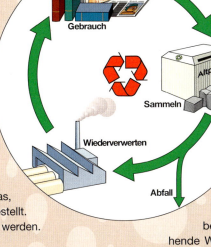

6. Nicht verwertbare Abfälle werden deponiert oder verbrannt.

7. Wertstoffe werden in Müllsortieranlagen mithilfe verschiedener Trennverfahren in Müllfraktionen getrennt.

8. Durch das Recycling von Wertstoffen werden Rohstoffe gespart und die Menge an Restmüll wird verringert. Mülldeponien werden dadurch nicht so stark beansprucht.

9. Die Müllverbrennungsanlagen beseitigen Restmüll. Die dabei entstehende Wärme wird zum Heizen oder zur Erzeugung von Elektrizität genutzt. Die Abgase müssen aufwändig gereinigt werden.

Müll – ein Problem unserer Zeit

Prüfe dein Wissen

1 Nenne Beispiele, wie du Müll vermeiden kannst.

2 Schreibe am Beispiel der Milchverpackung die Vor- und Nachteile von Pfandflaschen und Kartonverpackungen auf.

3 Erkläre den Begriff Wertstoff.
4 Suche Produkte, die mit dem grünen Punkt gekennzeichnet sind und sortiere sie nach Wertstoffen. Nenne für jeden Wertstoff mindestens drei Beispiele.
5 Welche Möglichkeiten gibt es, Restmüll zu beseitigen?
6 Mit welchem Trennverfahren werden Weißblechdosen in der Müllsortieranlage aussortiert?

7 Welche der folgenden Stoffe gehören zum Sondermüll: Medikamente, Küchenabfälle, Windeln, Ölfarben, Batterien, Kleidung?

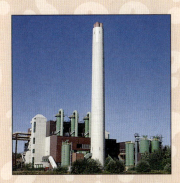

8 Welche Vor- und Nachteile hat eine Müllverbrennungsanlage?

Temperatur und Wärme

1 Heiß und kalt

Langsam fließt die rot glühende Lava in den Pazifischen Ozean. Es zischt und blubbert. Über der Meeresbucht liegen dicke Nebelschwaden.

Mit einer Temperatur von über 1000 Grad wälzt sich der Lavastrom kilometerweit von der Ausbruchsstelle, dem Pu'u O'u, über das Land ins Meer. Der Pu'u O'u ist ein Nebenkrater des Kilauea-Vulkans auf der Insel Hawaii. Im Wasser kühlt sich die glühende Lava rasch ab und erstarrt.

Auf der Erde gibt es heiße Lava, aber auch Schnee und Eis. In unserer Lebenswelt finden wir also ganz unterschiedliche Temperaturen.
Auch mit technischen Mitteln können verschiedene Temperaturen erzeugt werden, die allerdings noch sehr viel höher oder tiefer liegen können als in der Natur.

Temperatur und Wärme

1 Kühlschrank

2 Elektroherd

3 Babykost-Wärmer

1.1 Empfinden von Temperaturen

Bevor eine Mutter ihr Baby füttert, erwärmt sie die Milch aus dem Kühlschrank auf dem Herd oder in einem Babykost-Wärmer. Dann hält sie die Trinkflasche an die Wange und prüft, ob die Milch die richtige **Temperatur** hat. Sie fühlt also, damit die Milch nicht zu kalt oder zu heiß ist.

In unserer Haut gibt es winzige Kälte- und Wärmepunkte. Mit ihnen empfinden wir unterschiedliche Temperaturen. Diese Fühlpunkte geben uns an, ob wir gerade kalte, warme oder heiße Gegenstände berühren.

Es ist aber sehr schwer abzuschätzen, wie kalt oder heiß etwas wirklich ist, denn unsere Haut lässt sich täuschen. Wenn du zum Beispiel eine Hand in kaltes, die andere in heißes Wasser hältst und nach kurzer Zeit beide Hände in lauwarmes Wasser tauchst, hast du eine ganz überraschende Wärmeempfindung. Mit der einen Hand empfindest du das Wasser wesentlich kälter als mit der anderen.

Der Temperatursinn wird getäuscht, weil die eine Hand vorher im kalten Wasser und die andere im heißen Wasser war. Die Fühlpunkte *vergleichen* Temperaturen. Deswegen empfindet die eine Hand das lauwarme Wasser kälter als die andere und umgekehrt die andere das lauwarme Wasser wärmer.

Aus diesem Grund sollte eine Mutter die Temperatur der Milch für ihr Baby nicht nur mit der Hand prüfen.

> Temperaturempfindungen lassen nur ungenaue Aussagen über Temperaturen zu. Unser Temperatursinn ist unzuverlässig.

1 Nenne weitere Wörter wie „heiß" und „kalt", mit denen du Temperaturen beschreiben kannst. Ordne sie in einer sinnvollen Reihenfolge.

A1 Erkläre, wofür die oben abgebildeten Geräte eingesetzt werden.
A2 Nenne weitere Geräte, die Wärme erzeugen und solche, die zur Kühlung dienen.
A3 Welche Möglichkeiten gibt es, ohne elektrische Geräte zu wärmen und zu kühlen?

4 Heiß oder kalt?

V4 Gieße in eine Schüssel kaltes, in eine zweite lauwarmes und in eine dritte nicht zu heißes Wasser. Stelle die Schüssel mit dem lauwarmen Wasser zwischen die beiden anderen. Lege eine Hand in die linke und die andere in die rechte Schüssel. Warte eine Weile und prüfe dann mit beiden Händen gleichzeitig die Temperatur des Wassers in der mittleren Schüssel. Was stellst du fest? Beschreibe deine Empfindungen.

Temperatur und Wärme

1 Wer hat denn nun Recht?

1.2 Messen von Temperaturen

Einer Schülerin ist es zu heiß, ein Schüler friert und du fühlst dich gerade richtig wohl. Über Temperaturen könnt ihr euch prima streiten, denn alle haben Recht. Jeder empfindet Wärme anders.

Häufig müssen jedoch bestimmte Temperaturen genau eingehalten werden, zum Beispiel die Temperatur des Badewassers für ein Baby oder die Wassertemperatur in einem Aquarium.

Dann reicht unser Temperaturempfinden nicht aus. Es muss ein Messgerät eingesetzt werden, mit dem du Temperaturen *messen* kannst, ein **Thermometer.**

A1 Beschreibe ein Thermometer. Nenne die Aufgaben der einzelnen Teile.

V2 Miss möglichst viele der folgenden Temperaturen und schreibe sie auf:
a) die Temperatur von kaltem und warmem Leitungswasser, Wasser in der Regentonne und Teichwasser,
b) die Lufttemperatur an verschiedenen Stellen im Klassenraum, im Kühlschrank, auf dem Dachboden, im Keller und an einigen Stellen auf dem Schulgelände,
c) die Temperatur ausgeatmeter Luft und die Hauttemperatur zwischen deinen Fingern.

A3 Ordne die gemessenen Temperaturen der Größe nach in einer Tabelle. Wie viel Grad beträgt der Unterschied zwischen der niedrigsten und der höchsten Temperatur?

Aufbau eines Thermometers

Glaskörper: Ein Glasrohr schützt die inneren Bauteile.

Steigrohr: Es ist ein dünnes Glasrohr, in dem sich eine farbige Flüssigkeit auf und ab bewegen kann.

Skala: Sie ermöglicht zusammen mit dem Zeiger das Ablesen der Temperatur. Die Skala besteht aus vielen Teilstrichen. Neben jedem 10. Strich steht eine Zahl.

Thermometerflüssigkeit: Das Ende der Flüssigkeitssäule zeigt die Temperatur an. Es ist der Zeiger des Thermometers.

Vorratsbehälter: Er ist mit einer farbigen Flüssigkeit gefüllt und mit dem Steigrohr verbunden. Er ist zugleich auch der Messfühler des Thermometers.

Messen und Ablesen von Temperaturen

Beim Ablesen der Temperatur solltest du auf Folgendes achten:
– Tauche den Vorratsbehälter vollständig in die Flüssigkeit ein.
– Warte beim Messen, bis sich die Flüssigkeitssäule nicht mehr bewegt.
– Schaue beim Ablesen der Temperatur senkrecht auf die Skala.
– Lies die Temperatur zügig ab. Nimm das Thermometer dazu möglichst nicht aus der Flüssigkeit heraus.

Achtung: Thermometer bestehen aus Glas und sind zerbrechlich.

Ein Thermometer ist ein Gerät zum Messen von Temperaturen.

1 Nenne Beispiele, bei denen es wichtig ist, eine bestimmte Temperatur genau einzuhalten.
2 Betrachte verschiedene Thermometer und vergleiche ihre Skalen und Messflüssigkeiten.
3 Mit welchen Werten werden Lufttemperaturen an kalten Wintertagen angegeben?

Temperatur und Wärme

Thermometer – selbst gebaut

Praktikum

1 Das Material

1. Der Ständer
Bohre die vier eingezeichneten Löcher, je zwei im Abstand von ca. 2 cm, in das lange Brett. Befestige dann mit zwei Eisenwinkeln und passenden Schrauben das lange Brett auf dem kurzen.

2. Der Vorratsbehälter mit Steigrohr
Fülle das Fläschchen mit stark gefärbtem Wasser. Schiebe das Glasrohr vorsichtig durch den Gummistopfen und verschließe damit das Fläschchen.

3. Das fertige Thermometer
Klebe das Fläschchen mit dem Steigrohr mit doppelseitigem Klebeband auf das Fußbrett und befestige das Steigrohr mit Draht. Verwende dabei Korkscheiben als Abstandshalter.

4. Die Skala
Die Ausgangspunkte für die Skala erhältst du durch Vergleich mit einem gekauften Thermometer: Markiere den unteren Stand der Flüssigkeit etwa 5 cm oberhalb des Gummistopfens auf dem Steigrohr. Schreibe die mit dem Vergleichsthermometer gemessene Temperatur auf, z. B. 22 Grad. Wiederhole das Gleiche an einem deutlich wärmeren Platz, etwa in der Sonne oder auf der Heizung. Notiere auch diesen Wert, z. B. 30 Grad. Warte aber so lange, bis sich der Flüssigkeitsstand im Steigrohr nicht mehr verändert.

Übertrage die Lage der beiden Marken vom Steigrohr auf einen 30 cm langen Papierstreifen.

Den Abstand zwischen den Marken teilst du in entsprechend viele gleiche Teile ein, in unserem Beispiel in 8 Teile. Die Anzahl der Teile ergibt sich aus der Differenz der beiden Messwerte. Der Abstand zwischen zwei Teilstrichen entspricht dann einem Grad. Verlängere deine Skala in beide Richtungen so weit wie möglich. Beschrifte sie mit den entsprechenden Zahlen.

Klebe den Papierstreifen so auf das Holzbrett, dass die Seite mit den Markierungen am Steigrohr anliegt. Achte darauf, dass die beiden Ausgangspunkte auf dem Steigrohr und der Skala übereinstimmen.
Miss mit deinem Thermometer die Lufttemperatur an verschiedenen Stellen in der Schule und zu Hause.

Temperatur und Wärme

1 Wärmequellen: Wärme durch Reibung (A); Wärme durch Elektrizität (B/C)

A1 Beschreibe, wie in den Geräten auf den Bildern 1 A bis C Wärme entsteht.

V2 Drehe einen Holzstab mehrfach in einer Holzschale, die klein zerrissenes Heu enthält. Benutze dazu die Schnur eines Bogens wie in Bild 2. Was beobachtest du?

V3 Hänge einen Tauchsieder in ein Becherglas mit Wasser. Lass ihn einige Minuten angeschaltet. Fasse anschließend das Becherglas an. Berichte.

A4 Nenne Beispiele, bei denen durch Verbrennung Wärme entsteht.

2 Reibung erzeugt Wärme.

2 Wärme ist Energie

2.1 Wärmequellen

Wärme kann auf unterschiedliche Weise entstehen. Wenn deine Hände kalt sind, reibst du sie gegeneinander. Schon werden sie warm. Beim Schleifen von Werkzeugen springen rot glühende Funken davon. Beim Reiben eines Stabes in einer Holzschale kann Heu entzündet werden. Alle diese Beispiele zeigen, dass bei **Reibungsvorgängen** mechanisch Wärme erzeugt wird.

Eine andere Möglichkeit Wärme zu erhalten, findest du beim Tauchsieder und beim Heißluftgebläse. Beide werden mit Elektrizität betrieben. Der Tauchsieder kann Wasser erhitzen. Das Heißluftgebläse erwärmt Kunststoff, damit er verformbar wird. Wärme lässt sich also auch mit **Elektrizität** erzeugen.

Am Lagerfeuer spürst du die Wärme schon auf große Entfernung. Auch eine brennende Kerze gibt Wärme ab. Jede Verbrennung ist ein **chemischer Vorgang,** bei dem Wärme entsteht.

Jeder Körper, der Wärme an seine Umgebung abgibt, heißt **Wärmequelle.** Wärmequellen können Wärme mechanisch mit Reibung erzeugen. Elektrische Wärmequellen erzeugen die Wärme mithilfe des elektrischen Stromes. Chemisch wird Wärme bei Verbrennungsvorgängen erzeugt.

Die wichtigste Wärmequelle ist unsere Sonne. In ihrem Inneren laufen Vorgänge ab, bei denen Atome miteinander verschmolzen werden. Hier wird Wärme **atomar** erzeugt.

3 Verbrennung erzeugt Wärme.

Temperatur und Wärme

Wärmequellen sind Energiewandler

Alle Wärmequellen können nur dann Wärme erzeugen und abgeben, wenn sie **Energie** erhalten. Bei einem Feuer steckt die Energie im Brennstoff. Einem Heißluftgebläse muss die Energie als Elektrizität zugeführt werden.

Energie gibt es in verschiedenen *Energieformen*. Beim Reiben eines Holzstabes wandelt sich *mechanische Energie* in Wärme um, der Tauchsieder wandelt *elektrische Energie* in Wärme um. Das Feuer verwandelt *chemische Energie* in Wärme, in der Sonne wird aus *atomarer Energie* Wärme. Bild 4 zeigt den Zusammenhang zwischen den verschiedenen Energieformen und Wärme.

Jede Wärmequelle ist also ein **Energiewandler.** Wenn du einen Tauchsieder anschaltest, führst du ihm elektrische Energie zu. Der Tauchsieder wandelt sie in Wärme um, und gibt sie an das Wasser ab. Beim Bremsen wandelt eine Bremse mechanische Energie in Wärme um.

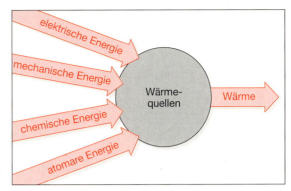

4 *Wärmequellen wandeln Energie.*

A5 Betrachte Bild 4. Schreibe Wärmequellen auf, die die eingesetzte Energie jeweils in Wärme umwandeln.

Erwärmen und Abkühlen

Um Wasser wie in Bild 5 zu **erwärmen,** musst du ihm Energie zuführen. In der Brennerflamme wird die chemische Energie des Heizgases in Wärme umgewandelt. Die Flamme gibt diese Energie an das Wasser weiter. Dabei steigt die Wassertemperatur. Eine **Temperaturerhöhung** des Wassers ergibt sich also immer dann, wenn *Wärme zugeführt* wird.

Um warmes Wasser **abzukühlen,** kannst du Eis hinein geben. Das Eis schmilzt dann. Dazu braucht es Energie in Form von Wärme. Diese Energie entzieht das Eis dem Wasser. Dadurch sinkt die Temperatur des Wassers im Becherglas. **Temperaturerniedrigung** bedeutet also, dem Wasser *Wärme zu entziehen*.

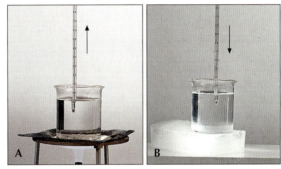

5 *Wärme wird zugeführt (A) und entzogen (B).*

V6 Erwärme Wasser im Becherglas mit einer Brennerflamme. Beschreibe, wie sich die Temperatur des Wassers ändert. Nenne den Grund dafür.

V7 Setze das Glas mit Wasser aus V6 in gestoßenes Eis. Beobachte das Thermometer. Erkläre den Vorgang.

> Wärmequellen sind Energiewandler. Sie wandeln mechanische, elektrische, chemische oder atomare Energie in Wärme um. Erwärmen bedeutet, Energie in Form von Wärme zuführen. Abkühlen heißt, Energie als Wärme entziehen.

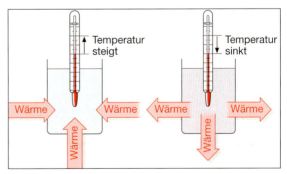

6 *Wärme geht in zwei Richtungen.*

1 Welche Energieformen treten auf, wenn du einen Topf Wasser über einem Holzfeuer erwärmst?

2 Beschreibe den Vorgang, der stattfindet, wenn du einen Topf mit Wasser auf einer Elektro-Herdplatte heiß machst. Benutze dabei die Begriffe Wärme und Temperatur.

A8 Beschreibe anhand von Bild 6, was geschieht, wenn die Temperatur eines Körpers steigt oder sinkt.

Temperatur und Wärme

Projekt — Energiesparen in Haushalt und Schule

Energie kennt ihr als **Wärme, Elektrizität** und als **Licht.** Energie steckt auch in einer **Bewegung** und in **Ernährung.** Ihr wisst, dass Energie in verschiedenen *Energieformen* auftreten kann. *Wärme* und *Licht* kommen auf der Erde vor oder gelangen von der Sonne zu uns. Mit *elektrischer Energie* leuchten Glühlampen, arbeitet ein Computer und erwärmt ein Elektroherd das Essen. Ein fahrendes Auto besitzt *Bewegungsenergie*. Ein Frühstücksbrötchen enthält *chemische Energie*.

Da Energie sehr wertvoll ist, bemühen sich viele Leute, *Energie sinnvoll einzusetzen.* Dazu gehört auch das *Sparen* von Energie. Dass wir Energie brauchen, ist euch inzwischen klar. Wo ihr **Energie sparen** könnt, sollt ihr in diesem Projekt untersuchen.

Gruppen 1 bis 3: Energie im Haushalt

Die Mitglieder dieser Gruppen überlegen, welche Geräte zu Hause in der Küche oder in anderen Bereichen benutzt werden. Schreibt alle Geräte untereinander in eine Tabelle. Schreibt hinter die Namen der Geräte, wozu sie eingesetzt werden.

Gerät	Einsatz	Energieform	Sparmöglichkeit
Wärmeplatte der Kaffeemaschine	Kaffee warm halten	elektrische Energie	Isolierkanne benutzen
Glühlampe	Zimmer beleuchten	elektrische Energie	nicht benötigte Lampen ausschalten
elektrisches Messer	Fleisch schneiden	elektrische Energie	Küchenmesser verwenden

Überlegt, welche Energieform die Geräte zum Arbeiten brauchen, und schreibt diese Form in die dritte Spalte der Tabelle.

Diskutiert in eurer Gruppe, welche Möglichkeiten des Energiesparens es bei den Geräten gibt. Schreibt das Ergebnis der Diskussion in die vierte Spalte.

Gruppe 1: Geräte zum Erzeugen von Wärme

Schreibt in eure Tabelle alle Geräte, die in der Wohnung eingesetzt werden, um **Wärme** zu erzeugen. Ergänzt die Tabelle wie beim Beispiel „Wärmeplatte der Kaffeemaschine" in der obigen Tabelle.

Gruppe 2: Geräte zum Erzeugen von Licht

Schreibt alle Geräte in eure Tabelle, die in der Wohnung eingesetzt werden, um **Licht** zu erzeugen. Ergänzt die Tabelle wie beim Beispiel „Glühlampe" in der obigen Tabelle.

1 Kaffeemaschine mit Wärmeplatte

2 Nicht benötigte Lampen ausschalten

Gruppe 3: Geräte zum Erzeugen von Bewegung

Schreibt alle Geräte in eure Tabelle, die zu Hause eingesetzt werden, um **Bewegung** zu erzeugen. Ergänzt die Tabelle wie bei dem Beispiel „elektrisches Messer" in der linken Tabelle.

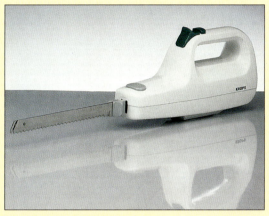

3 Elektrisches Messer

Gruppe 4: Energiesparen in der Schule

Schreibt in eine Tabelle Geräte, die in der Schule eingesetzt werden, um **Wärme, Licht oder Bewegung** zu erzeugen. Berücksichtigt dabei alle Bereiche der Schule. Bedenkt auch die Möglichkeiten, wie ihr zur Schule kommt oder eure Lehrerinnen und Lehrer die Schule erreichen.

Gerät	Wärme	Licht	Bewegung
Bohnermaschine			X
Treppenbeleuchtung		X	

Schreibt die Namen der Geräte und ihre Verwendung in die erste und zweite Spalte einer Tabelle, wie sie für die Gruppen 1 bis 3 vorgegeben ist.
Überlegt, welche Energieform die Geräte zum Arbeiten brauchen, und schreibt diese in die dritte Spalte. Macht Vorschläge, wie in der Schule bei den eingesetzten Geräten Energie gespart werden könnte und notiert sie in der vierten Spalte.

4 Vor dem Unterrichtsbeginn

Überlegt alle gemeinsam, wie ihr Mitschülerinnen und Mitschüler anderer Klassen und eure Lehrerinnen und Lehrer zum Energiesparen bringen könntet. Am besten gelingt das mit einem Wettbewerb.

Temperatur und Wärme

3 Ausdehnung durch Wärme

3.1 Volumenänderung bei Flüssigkeiten

1 Wasser dehnt sich aus.

2 Wasser zieht sich zusammen.

Ein randvoll mit Wasser gefüllter Stehkolben wird erwärmt. Die Wasseroberfläche wölbt sich nach oben. Das Wasser dehnt sich aus.
Beim Abkühlen zieht sich die Flüssigkeit zusammen und das Wasser im Stehkolben sinkt ab. Die Wasseroberfläche wölbt sich nach unten.
Wie verhalten sich andere Flüssigkeiten beim Erwärmen oder beim Abkühlen?

V1 Fülle einen Stehkolben randvoll mit Wasser.
a) Erhitze den Stehkolben kurz und beobachte die Oberfläche der Flüssigkeit.
b) Stelle den Glaskolben zum Abkühlen in kaltes Wasser und beobachte die Oberfläche der Flüssigkeit erneut. Erkläre deine Beobachtungen.

V2 Fülle in je einen kleinen Stehkolben gefärbtes Wasser, Glykol (Frostschutzmittel) und Spiritus. Verschließe die Kolben jeweils mit einem durchbohrten Gummistopfen, in dem ein Glasrohr steckt. Die drei Flüssigkeiten müssen zu Beginn des Versuches die gleiche Temperatur haben und gleich hoch im Steigrohr stehen. Um diesen Gleichstand zu erreichen, drücke oder ziehe an dem Stopfen. Stelle dann die Kolben gleichzeitig in warmes Wasser. Beobachte und beschreibe die Veränderungen.

A3 Warum ist es bei V 2 wichtig, alle drei Kolben in demselben Wasserbad zu erwärmen?

A4 Welche der Flüssigkeiten müsstest du verwenden, wenn du ein Thermometer bauen solltest, auf dem du auch noch kleine Temperaturunterschiede deutlich beobachten kannst?

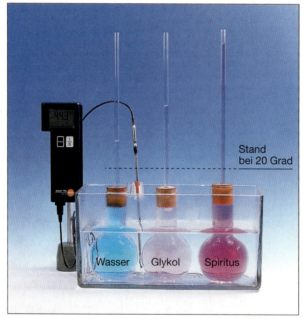

3 Ausdehnung verschiedener Flüssigkeiten

Unterschiedliche Flüssigkeiten dehnen sich beim Erwärmen unterschiedlich stark aus. Bei gleicher Erwärmung dehnt sich Spiritus etwa fünfmal mehr aus als Wasser. Auch bei Glykol ist eine größere Ausdehnung als bei Wasser festzustellen.
Das zeigt Versuch 2, denn der Flüssigkeitsstand in den Steigrohren steigt unterschiedlich hoch. Die gleiche Menge Flüssigkeit braucht mehr Platz, das *Volumen* vergrößert sich.
Beim Abkühlen ziehen sich die Flüssigkeiten wieder zusammen.

> Flüssigkeiten dehnen sich beim Erwärmen aus und ziehen sich beim Abkühlen zusammen. Verschiedene Flüssigkeiten dehnen sich bei gleicher Erwärmung unterschiedlich stark aus.

1 Wie würde sich die Skala deines selbst gebauten Thermometers ändern, wenn du als Thermometerflüssigkeit Spiritus verwenden würdest?

2 Warum werden Getränkeflaschen beim Abfüllen nie vollständig gefüllt?

Temperatur und Wärme

3.2 Eine geniale Idee – 2 Fixpunkte und 99 Striche

Auf fast allen Thermometern kannst du „°C" lesen. Das Zeichen „°" bedeutet Grad, das „C" ist die Abkürzung für „Celsius". Woher kommt die Bezeichnung?
Der schwedische Astronom und Physiker ANDERS CELSIUS (1701–1744) hat eine Skala für Thermometer erfunden, die wir noch heute benutzen. Sie wird Celsius-Skala genannt.

Schon andere Wissenschaftler vor ihm haben die Ausdehnung einer erwärmten Flüssigkeit zur Temperaturmessung benutzt. Die Angaben der verschiedenen Thermometer waren aber nicht miteinander vergleichbar. CELSIUS beklagte dies so: „Die Thermometer zeigen bei einerlei Wärme nicht einerlei Grad."

CELSIUS übernahm eine Idee des Holländers CHRISTIAN HUYGENS (1629–1695), der vorgeschlagen hatte, die Temperatur des siedenden Wassers und des schmelzenden Eises als feste Punkte einer Skala zu wählen. Solche festen Punkte heißen **Fixpunkte**. Schon HUYGENS hatte beobachtet, dass diese beiden Temperaturen stets gleich sind. CELSIUS markierte den Stand der Flüssigkeit im Steigrohr bei siedendem Wasser und nannte ihn „0 Grad". Den Stand der Flüssigkeit bei schmelzendem Eis nannte er „100 Grad". Nun teilte er den Abstand zwischen diesen beiden Fixpunkten in 100 gleiche Teile ein.

3 Der Fixpunkt 100 °C

Dazu sind 99 Striche notwendig. Ein Teil zwischen zwei Strichen ist *1 Grad Celsius.* Das Thermometer mit der Celsius-Skala war erfunden. Später wurde diese Skala von dem bedeutenden Biologen CARL VON LINNÉ (1707–1778) umgekehrt. Zu Ehren von ANDERS CELSIUS nennen wir den Schmelzpunkt von Eis **0 °C** und den Siedepunkt von Wasser **100 °C**. Mit diesen Bezeichnungen ist die Celsius-Skala noch heute gebräuchlich.

Durch die Verlängerung der Skala, mit den gleichen Abständen nach oben und nach unten, kommst du in den Bereich unter 0 °C und zu Temperaturangaben über 100 °C. Bei Temperaturen unter 0 °C steht ein Minuszeichen vor der Zahl. Ein Beispiel: –4 °C, gelesen minus 4 °C.

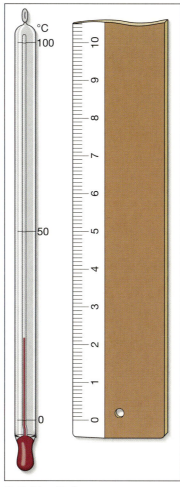

2 Celsius-Skala

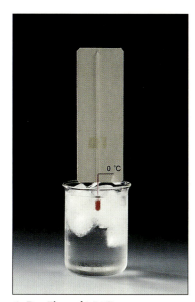

1 Der Fixpunkt 0 °C

> Die Temperaturen 0 °C und 100 °C sind die Fixpunkte der Celsius-Skala. Zwischen den Fixpunkten ist die Skala in 100 gleiche Teile eingeteilt.

1 Zeichne das Thermometer ab und vervollständige die Skala in Abständen von 5 Grad. Beginne bei 0 °C.
2 Wie lang ist die Strecke zwischen 18 °C und 72 °C in deiner Zeichnung?
3 Welche Temperatur zeigt das Thermometer in Bild 2?

Temperatur und Wärme

1 Aufnahme von Messwerten

V 1 Erhitze Wasser in einem Becherglas und miss dabei alle 30 Sekunden die Temperatur. Trage die Zeiten und die dazugehörigen Temperaturwerte wie im folgenden Beispiel in eine Tabelle ein.

Zeit in Sekunden	0	30	60	90	120	150	180
Temperatur in °C	18	22	30	39	49	60	71

A 2 Zeichne auf Millimeterpapier ein Zeit-Temperatur-Diagramm mit den Messwerten aus V 1. Nimm als Vorlage Bild 2 und verwende folgende Einteilung für die Achsen: Rechtsachse 1 cm für 30 Sekunden; Hochachse 1 cm für 10 °C.
A 3 Lies aus dem Zeit-Temperatur-Diagramm die zugehörige Temperatur zu den Zeiten 30, 45 und 60 Sekunden ab.

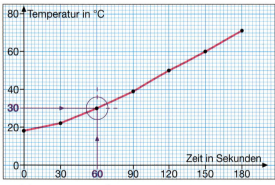

2 Zeit-Temperatur-Diagramm

3.3 Messwerte anschaulich darstellen

An einem Tag im Juli werden 32 °C gemessen, an einem Tag im Dezember –4 °C. War es ein warmer Sommer? War es ein kalter Winter? – Diese Fragen kannst du mit jeweils nur einer einzigen Temperaturangabe nicht beantworten. Dazu ist es notwendig, die Temperatur über einen längeren Zeitraum zu messen. Das ergibt viele Messwerte, die sich nicht leicht überblicken lassen.
Eine übersichtliche Darstellung ist ein *Zeit-Temperatur-Diagramm*. Das ist ein Schaubild, in dem die Temperaturen eingezeichnet sind, die zu bestimmten Zeiten gemessen wurden (Bild 2).

So wird's gemacht!

Auf der Rechtsachse trägst du die Zeiten in Sekunden auf und auf der Hochachse die Temperaturen in °C. Dazu musst du die beiden Achsen geeignet einteilen. Für das Messwertepaar (60 Sekunden | 30 °C) suchst du zuerst den Zeitwert 60 Sekunden auf der Rechtsachse. Dort zeichnest du dünn eine Linie senkrecht nach oben. Am Temperaturwert 30 °C auf der Hochachse zeichnest du eine Linie waagerecht nach rechts, bis du auf die senkrecht gezeichnete Linie triffst. Hier markierst du den Schnittpunkt. Ebenso verfährst du mit allen anderen Paaren von Messwerten. Dann verbindest du die Punkte mit einem Lineal.

Werte ablesen, die gar nicht gemessen wurden!

Wie hoch war die Temperatur nach 45 Sekunden? Diesen Wert hast du nicht gemessen, du kannst ihn aber trotzdem angeben: Gehe zum Zeitwert 45 Sekunden, also zur Mitte zwischen 30 und 60 Sekunden. Von dort gehst du dann senkrecht nach oben, bis du auf die Verbindungslinie deiner Punkte kommst. Wenn du nun waagerecht nach links gehst, kannst du die Temperatur auf der Hochachse ablesen.

> Ein Diagramm ist die Darstellung von Messwerten als Schaubild. Im Zeit-Temperatur-Diagramm ist jedem Zeitpunkt ein Temperaturwert zugeordnet.

1 Warum ist eine Zeiteinteilung in Sekunden bei der Messung der Temperaturen für einen ganzen Tag nicht sinnvoll?
2 Bis zu welcher Höchsttemperatur sollte die Einteilung der Temperaturachse bei Versuchen zum Erwärmen von Wasser reichen?

Temperatur und Wärme

Pinnwand

VERSCHIEDENE THERMOMETER

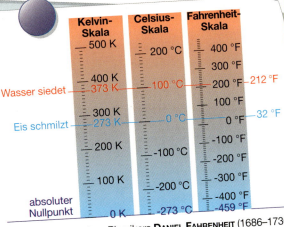

A1 Beschreibe, wo die unterschiedlichen Thermometer benutzt werden.

Im 19. Jahrhundert wurde festgestellt, dass kein Körper kälter werden kann als −273 °C. Der englische Mathematiker und Physiker **William Thomson**, später **Lord Kelvin** (1824–1907), schlug aus dieser Kenntnis eine Skala vor, bei der es keine Minus-Temperaturen gibt, die *Kelvin-Skala*. Danach siedet Wasser bei 373 K (Kelvin). Bei −273 °C liegt der **absolute Temperatur-Nullpunkt**. Die Kelvin-Skala hat die gleiche Schrittweite wie die Celsius-Skala.

In den USA wird die Thermometerskala des deutschen Physikers **Daniel Fahrenheit** (1686–1736) benutzt, die *Fahrenheit-Skala*. Auch er führte Fixpunkte ein, allerdings andere als **Anders Celsius**. Dem Schmelzpunkt des Eises ordnete er den Wert 32 °F (Grad Fahrenheit) zu und dem Siedepunkt des Wassers 212 °F.

	Kelvin-Skala	Celsius-Skala	Fahrenheit-Skala
Wasser siedet	373 K	100 °C	212 °F
Eis schmilzt	273 K	0 °C	32 °F
absoluter Nullpunkt	0 K	−273 °C	−459 °F

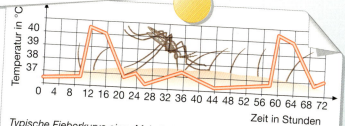

Typische Fieberkurve einer Malaria-Erkrankung (Sumpffieber).

A2 Ein Arzt erhält durch eine Fieberkurve einen Hinweis auf eine bestimmte Krankheit. Wie lange liegen die Fieberschübe bei Malaria auseinander?

1 Wie viel Grad beträgt der Unterschied zwischen der höchsten auf der Erde gemessenen Sommertemperatur und der tiefsten Wintertemperatur?

2 Warum kannst du mit einem Flüssigkeitsthermometer, das als Steigflüssigkeit Alkohol enthält, nicht die Temperatur von schmelzendem Blei messen?

Temperatur	
bis 20 Mio. °C	Temperatur im Inneren der Sonne
ca. 6000 °C	Temperatur auf der Sonnenoberfläche
3400 °C	Wolfram schmilzt
ca. 2500 °C	Temperatur der Glühdrähte von Lampen
1537 °C	Eisen schmilzt
ca. 1100 °C	Temperatur der Gasbrennerflamme
1063 °C	Gold schmilzt
ca. 800 °C	Temperatur der Streichholzflamme
327 °C	Blei schmilzt
bis 250 °C	Temperatur der Sohle vom Bügeleisen
100 °C	Wasser siedet
78 °C	Alkohol siedet
59 °C	höchste gemessene Sommertemperatur
37 °C	Körpertemperatur des Menschen
0 °C	Wasser gefriert
−92 °C	tiefste gemessene Wintertemperatur
−114 °C	Alkohol erstarrt
−183 °C	Sauerstoff wird flüssig
−269 °C	Helium wird flüssig
−273 °C	tiefstmögliche Temperatur

Temperatur und Wärme

1 Eistee

3.4 Wasser verhält sich anders

Zur Erfrischung an einem heißen Sommertag ist ein Eistee genau das Richtige. Zur Zubereitung nimmst du ein Glas kalten Tee und gibst eine Hand voll Eiswürfel hinein. Jetzt musst du nur noch umrühren, damit alles schön kalt wird, denn die Eiswürfel schwimmen ja oben.
Eis schwimmt immer oben auf dem Wasser. Ist das denn etwas Besonderes?

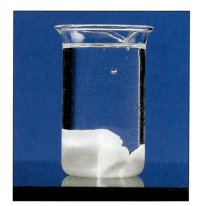

2 Festes und flüssiges Wachs

A1 Wurde der Tee in Bild 1 auf die Eiswürfel oder wurden die Eiswürfel in den Tee gegeben?

V2 Bringe Kerzenwachs in einer Teelichthülle zum Schmelzen. Gib dann ein kleines Stück festes Wachs hinein. Was passiert?

V3 Nimm zwei Teelichthüllen und fülle die eine randvoll mit Wasser, die andere gleich hoch mit flüssigem Wachs. Stelle dann beide Gefäße ins Gefrierfach. Nimm sie nach einiger Zeit wieder heraus. Erkläre das unterschiedliche Aussehen beider Oberflächen.

V4 Fülle ein hohes Glasgefäß zur Hälfte mit kaltem Wasser und gib Eis hinzu. Miss ohne umzurühren nach etwa 20 Minuten die Temperaturen in verschiedenen Tiefen. Erkläre deine Beobachtung.

Bei *allen anderen* Stoffen ist es genau umgekehrt. Hier versinkt der feste Körper in der Flüssigkeit. Wenn du zum Beispiel ein Stück festes Frittierfett in das bereits geschmolzene Fett in der Fritteuse gibst, dann geht es unter. Festes Wachs versinkt in flüssigem Wachs (Bild 2), ebenso versinkt festes Zinn in flüssigem Zinn. Nur Wasser macht eine Ausnahme. Hier schwimmt der feste Stoff, das Eis, auf der Flüssigkeit.

Wasser dehnt sich nämlich beim Erstarren im Gegensatz zu allen anderen Flüssigkeiten aus (Bild 3). Aus 1 l Wasser wird 1,1 l Eis.
Das Eis schwimmt also an der Wasseroberfläche, weil es leichter ist als das flüssige Wasser. Ein Stück Eis nimmt mehr Raum ein als die gleiche Menge Wasser.

In der Nähe der Eiswürfel hat das Wasser eine Temperatur von etwa 0 °C. Der Versuch 4 zeigt nun, dass das Wasser am Boden des Gefäßes eine Temperatur von 4 °C hat. Bei allen anderen Stoffen würdest du unten eine tiefere Temperatur messen als oben. Also bildet Wasser auch hierbei eine Ausnahme. Wasser von 4 °C ist schwerer als die gleiche Menge Wasser von 0 °C und sinkt deshalb nach unten.
Eine bestimmte Menge nimmt bei 4 °C und nicht bei 0 °C den geringsten Raum ein. Diese Abweichung zum Verhalten anderer Stoffe heißt **Anomalie**.

3 Wachs und Wasser sind erstarrt.

4 Temperaturen in Eiswasser

> Wasser nimmt bei 4 °C den geringsten Raum ein. Es dehnt sich beim Erstarren aus. Diese Besonderheiten gegenüber allen anderen Stoffen werden als Anomalie des Wassers bezeichnet.

1 Warum frieren Seen von oben nach unten zu?
2 Erkläre, warum Eisberge schwimmen.

Temperatur und Wärme

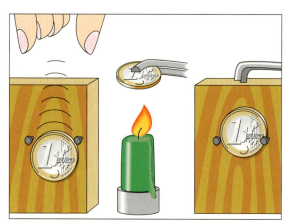

1 Passt die Münze hindurch oder nicht?

4 Erwärmen fester Gegenstände

4.1 Gegenstände dehnen sich aus

Mit einer Münze und zwei Nägeln kannst du zaubern: Du schlägst die Nägel genau neben der Münze in ein Brett, sodass sie gerade noch hindurchpasst. Dann erwärmst du die Münze und sie passt nicht mehr durch. Erst wenn sie wieder abgekühlt ist, rutscht sie erneut durch die Nägel.

Zur Erklärung kannst du einen straff gespannten Draht erhitzen. Er wird schlaff, weil er sich ausdehnt. Er wird also beim Erwärmen länger. Der gleiche Draht wird wieder straff, wenn er sich abkühlt. Kühlst du den Draht zusätzlich noch mit Eis, kann er sogar reißen, weil er dann noch kürzer wird.

Wie der Draht verhält sich auch die Münze. Sie dehnt sich beim Erwärmen nach allen Seiten aus, ihr Durchmesser vergrößert sich. Umgekehrt wird der Durchmesser kleiner, wenn die Münze erkaltet.

Erwärmst du eine Kugel, kannst du ihre Ausdehnung in alle Richtungen besonders gut beobachten. Die heiße Kugel passt nicht mehr durch den Ring, ganz gleich wie du sie drehst.

Bei genauer Messung könntest du feststellen, dass auch der erwärmte Draht und die erwärmte Münze dicker werden. Sie dehnen sich also ebenfalls in alle Richtungen aus. Umgekehrt ziehen sich alle Gegenstände beim Abkühlen zusammen.

A1 Die Münze in Bild 1 passte genau zwischen die beiden Nägel, jetzt aber nicht mehr. Wie kommt das?

V2 Spanne einen Eisendraht wie in Bild 2 straff zwischen zwei Halterungen ein. Erwärme den Draht vorsichtig in der ganzen Länge mit der Brennerflamme. Beobachte ihn dabei. Lass ihn abkühlen. Was passiert jetzt mit dem Draht? Beschreibe deine Beobachtungen.

V3 Halte eine Kugel wie in Bild 3 in eine Brennerflamme. Lege sie dann auf den Ring. Kühle sie mit Wasser ab und lege sie erneut auf. Beschreibe jeweils deine Beobachtung.

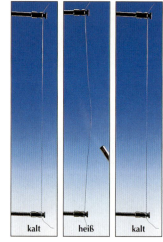

2 Ein straff gespannter Draht wird erhitzt.

> Feste Gegenstände werden beim Erwärmen länger, breiter und dicker; beim Abkühlen ziehen sie sich zusammen.

1 Eine Brücke aus Eisen oder Beton erwärmt sich im Sommer und kühlt sich im Winter ab. Warum wird sie auf Rollen gelagert?

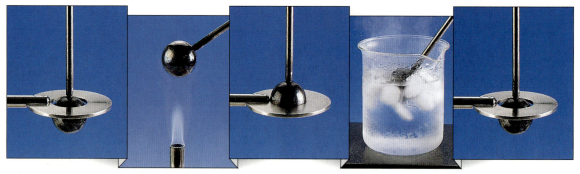

3 Die heiße Kugel passt nicht mehr durch den Ring.

4.2 Messen der Ausdehnung

Wenn eine Brücke gebaut wird, muss schon bei der Planung berücksichtigt werden, wie weit sich die fertige Brücke ausdehnen wird, wenn die Sonne sie im Sommer erwärmt. Genauso muss die Länge der Brücke für die Temperatur im Winter im Voraus bestimmt werden. Die Ausdehnung der Brücke lässt sich berechnen. Dazu werden Werte benutzt, wie sie sich zum Beispiel aus Versuch 2 ergeben.

Einen vereinfachten Versuchsaufbau zeigt Bild 1. Eine Stricknadel liegt an einem Ende auf einer Nähnadel. Beim Erwärmen dehnt sich die Stricknadel aus und rollt auf der Nähnadel ein kleines Stück vorwärts. Diese dreht sich dabei und bewegt den Zeiger.

Um die Ausdehnung des Gegenstandes genau zu messen, ist der Aufbau des Stricknadelversuches erweitert worden (Bild 2). Ein Rohr ist an einem Ende fest eingespannt, das andere Ende liegt auf einer Klinge, die sich bei Bewegung des Rohres dreht. Diese Messeinrichtung heißt **Dilatometer**.

Die Ausdehnung bei verschiedenen Stoffen

Mit dem Versuchsaufbau nach Bild 2 lässt sich die Ausdehnung gleich langer Rohre aus verschiedenen Stoffen vergleichen. In der folgenden Tabelle sind Werte zusammengestellt, die sich aus einem solchen Versuch ergeben. Dabei wurden 100 cm lange Rohre um 100 Grad erwärmt. Du siehst, dass die Ausdehnung vom Material abhängt. Bei Aluminium ist sie doppelt so groß wie bei Eisen.

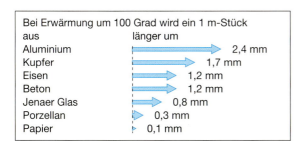

Bei Erwärmung um 100 Grad wird ein 1 m-Stück	
aus	länger um
Aluminium	2,4 mm
Kupfer	1,7 mm
Eisen	1,2 mm
Beton	1,2 mm
Jenaer Glas	0,8 mm
Porzellan	0,3 mm
Papier	0,1 mm

> Die Längenausdehnung fester Gegenstände hängt von dem Stoff ab, aus dem sie bestehen.

1 Warum müssen die Messrohre im Versuch 2 an einem Ende fest eingespannt sein?

2 Wie müsstest du Versuch 2 abändern, damit du die Verkürzung bei Abkühlung messen könntest?

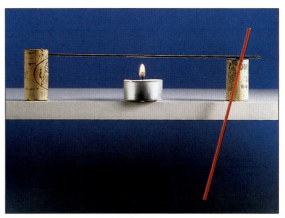

1 Ausdehnung einer Stricknadel

V1 Baue die Anordnung nach Bild 1 auf. Stecke die Stahlstricknadel mit einem Ende in einen Korken. Lege das andere Ende auf eine große Nähnadel. Ein Trinkhalm, der auf der Nähnadel steckt, dient als Zeiger. Stelle ihn senkrecht. Erwärme die Stricknadel mit einer Kerze oder einer Brennerflamme, die du hin und her bewegst. Beobachte den Zeiger. Gieße dann kaltes Wasser auf die Nadel. Wie bewegt sich der Zeiger jetzt? Fasse die Beobachtungen in einem Satz zusammen.

2 Dilatometer als Messeinrichtung

V2 Baue das Dilatometer aus Bild 2 auf. Achte darauf, dass der Zeiger zu Versuchsbeginn auf 0 steht. Gieße rasch 1 l Wasser von 60 °C in den Trichter. Beobachte den Zeiger und notiere die Anzahl der Skalenstriche, über die sich der Zeiger bewegt hat. Wechsle das erste Rohr gegen Rohre aus anderen Materialien aus und wiederhole jeweils den Versuch.

A3 Schreibe den Stoff des Rohres, die Anzahl der abgelesenen Skalenstriche aus V2 und die Millimeter-Angabe der Verlängerung (Tabelle links) nebeneinander auf. Beurteile deine Versuchsergebnisse.

Temperatur und Wärme

Pinnwand

LÄNGENAUSDEHNUNG IN DER TECHNIK

Rohrleitungen in Industrieanlagen müssen oft hohe Temperaturunterschiede aushalten. Deshalb werden sie entweder in Abständen zu Schleifen gezogen (Bild links) oder mit ziehharmonika-ähnlichen Zwischenstücken versehen (Bild rechts). Dadurch können sich Rohre beim Erwärmen oder Abkühlen ausdehnen oder zusammenziehen, ohne dass sie dabei zerstört werden.

Auch Brücken ändern durch Temperaturschwankungen ihre Länge. Deshalb werden beim Bau Spalten zwischen der Straße und der Brücke eingeplant. Diese Spalten heißen **Dehnungsfugen**. Die Stoßstellen werden mit Eisenblechen überdeckt, die mit Zähnen ineinander greifen (Bild links). So können die Autos leicht über die Fugen hinwegrollen.

Damit bei der Längenänderung keine Schäden an den Auflagestellen der Brücke entstehen, wird sie zusätzlich auf Gleitlagern beweglich gelagert.

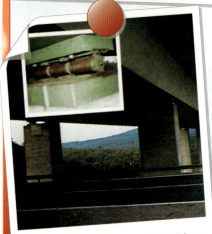

Wenn Brücken sehr lang sind, benötigen sie Stützpfeiler. Auf diesen ist die Brücke mit Rollen beweglich gelagert.

Lehrerversuch: Die Mittelstange des *Bolzensprengapparates* wird an der Vorderseite mit einem Querbolzen aus sprödem Gusseisen befestigt. An der Rückseite wird sie mit einem Keil eingespannt. Dann wird die Mittelstange mit der Brennerflamme gleichmäßig erhitzt. Dabei muss der Keil noch weiter eingetrieben werden. Dann bleibt der Apparat zum Abkühlen stehen. Nach einiger Zeit zerbricht der Bolzen schlagartig.

A1 Überlege, warum der Keil am hinteren Ende der Mittelstange beim Erwärmen stets weiter eingeschlagen werden muss.

Temperatur und Wärme

Eisenbahnräder bestehen aus einer Stahlscheibe, dem Radkörper, und dem Radkranz. Auf dem Bild in der Mitte wird der Radkranz auf den Radkörper *aufgeschrumpft*. Dazu wird der Kranz gleichmäßig erhitzt. Beim Abkühlen zieht er sich zusammen und sitzt dann fest auf dem Radkörper.

Auf dem rechten Bild erkennst du die einzelnen Ringe des Rades an einem Güterwagen.

Auspuffrohre am Auto werden ineinander gesteckt. Wenn sie ausgewechselt werden müssen, sitzen sie meistens fest. Deshalb wird das äußere Rohr erwärmt. Es dehnt sich aus. Jetzt kann es leichter vom inneren Rohr abgezogen werden.

Überlandleitungen unserer Stromversorgung hängen immer in einem Bogen zwischen den Gittermasten. Die Drähte werden am besten bei niedriger Lufttemperatur gespannt. Im Sommer können sie sich dann ausdehnen.

1. Wie werden sich die Rohrschleifen im Bild auf der linken Seite verändern, wenn die Rohre warm werden; wie, wenn sie kalt werden? Zeichne beide Fälle.
2. Schneide aus Pappe zwei Zahnreihen aus, wie im Bild auf der linken Seite zu sehen ist. Klebe sie so auf zwei Kartons, dass die Zähne über den Rand der Kartons hinaus stehen. Lege die Zahnreihen gegeneinander und fahre dann mit einem Spielzeugauto über diesen Spalt bei „Sommer-" und bei „Wintertemperatur".
3. Suche in eurer Schule Dehnungsfugen zwischen den Gebäudeteilen. Womit sind sie gefüllt? Warum sind sie nötig?
4. Welchen Sinn haben die Rollen unter einer Brücke wie auf dem Bild auf der linken Seite?
5. Beschreibe deine Beobachtung aus dem Lehrerversuch. Wie kommt es zur Zerstörung des Querbolzens beim Abkühlen der Mittelstange?
6. Warum wäre es unklug, Überlandleitungen im heißen Sommer zu spannen?

Temperatur und Wärme

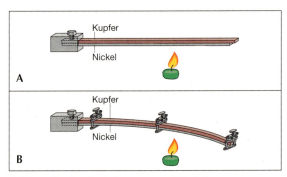

1 Diese Streifen bestehen aus zwei Metallen.

4.3 Zwei Metalle werden erwärmt

Auch Streifen aus verschiedenen Metallen dehnen sich ebenso wie Rohre bei gleicher Erwärmung unterschiedlich stark aus (Bild 1 A).

Was geschieht nun, wenn zwei gleich lange Streifen aus unterschiedlichen Metallen erwärmt werden, die in der ganzen Länge fest miteinander verbunden sind? Der Streifen, der länger wird, kann nicht weg. Folglich muss sich der Doppelstreifen krümmen (Bild 1 B).

Ein solcher Streifen aus zwei fest miteinander verbundenen verschiedenen Metallen heißt **Bimetallstreifen**. Die Vorsilbe „Bi" bedeutet zwei.

V1 Lege zwei 20 cm lange, 1,5 cm breite Streifen aus verschiedenen Metallen, zum Beispiel aus Kupfer und Nickel, übereinander. Klemme sie an einem Ende fest. Erwärme sie mit der Brennerflamme. Erkläre deine Beobachtung.

V2 Verschraube die beiden Metallstreifen aus V 1 an mehreren Stellen und am Ende fest miteinander. Spanne sie an einem Ende ein und erwärme diesen Doppelstreifen. Lass ihn dann abkühlen. Beschreibe deine Beobachtungen.

Wie krümmt sich der Bimetallstreifen?

Ein Kupferstreifen wie in Bild 1 A dehnt sich beim Erwärmen stärker aus als ein Nickelstreifen. Wenn beide fest miteinander verbunden sind, krümmt sich der Bimetallstreifen zum Nickel hin (Bild 1 B), weil dann die Strecke oben länger ist als unten. Du kennst das auch vom Sportplatz. Die Außenbahn ist viel länger als die Innenbahn. Deshalb dürfen Läuferinnen und Läufer auf der Außenbahn ein Stück weiter vorn starten.

Was geschieht, wenn der Bimetallstreifen schon zu einer Schnecke aufgerollt ist und dann erwärmt wird?

Das kannst du mit einer Spirale aus einem Streifen Kaugummipapier ausprobieren (Bild 2). Wenn das Papier außen ist, weitet sich die Schnecke nach außen auf, weil sich Aluminium stärker dehnt als Papier.

Eine Bimetall-Spirale kann als Messfühler in einem Thermometer eingesetzt werden (Bild 3).

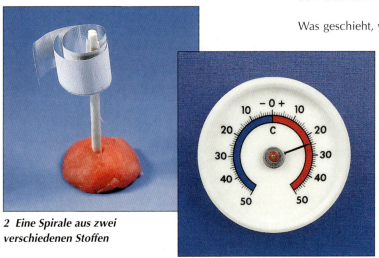

2 Eine Spirale aus zwei verschiedenen Stoffen

3 Thermometer mit Bimetall-Spirale

> Ein Bimetallstreifen krümmt sich beim Erwärmen in Richtung des Stoffes, der sich weniger ausdehnt.

V3 Klemme einen möglichst langen, 2 cm breiten Streifen aus Kaugummipapier an einem Ende in ein aufgespaltenes Streichholz. Halte ihn in die Nähe einer Kerzenflamme. Lass ihn dann abkühlen. Wie verhält er sich?

V4 Wickle den Streifen aus V3 zu einer Spirale auf und erwärme ihn erneut. Lass ihn dann abkühlen. Beschreibe.

A5 Erkläre, wieso sich ein Bimetallstreifen beim Erwärmen und beim Abkühlen jeweils in entgegengesetzte Richtungen krümmt.

1 Aus welchen Metallen könntest du zum Beispiel einen Bimetallstreifen herstellen?

2 Wie würde sich der Bimetallstreifen in Bild 1 krümmen, wenn du ihn auf der Kupferseite erwärmen würdest?

3 Im Bild 2 ist das Papier außen. Was geschieht beim Erwärmen, wenn das Papier innen ist? Probiere es aus.

Temperatur und Wärme

4.4 Bimetall im technischen Einsatz

Auf Bild 1 siehst du eine besonders wichtige Verwendung eines Bimetallstreifens. Er ist hier als Schalter in einen Stromkreis eingebaut. Sobald der Streifen erwärmt wird, biegt er sich nach oben, schließt den Stromkreis und die Lampe leuchtet. Kühlt der Streifen ab, wird er wieder gerade und öffnet den Stromkreis. Die Lampe erlischt.

Stellst du statt der Kerze eine Heizwendel wie in Bild 2 unter den Bimetallstreifen, kannst du beobachten, wie der Stromkreis abwechselnd geschlossen oder geöffnet wird.
Die Wärme der Heizwendel beeinflusst den Bimetallstreifen. Er öffnet den Stromkreis, wenn er von der Wendel erwärmt wird. Dann ist aber der Strom abgeschaltet, die Wendel erzeugt keine Wärme mehr. Der Bimetallstreifen kühlt ab, wird wieder gerade und schließt den Stromkreis. Schon erzeugt die Wendel wieder Wärme, der Streifen krümmt sich erneut, der Stromkreis wird unterbrochen.
Der Bimetallstreifen ist also hier ein Schalter, der von der Wärme der Wendel geöffnet wird. Er schließt sich, wenn er wieder abkühlt.

Bimetall-Schalter sind in vielen elektrischen Geräten eingebaut, die im Einsatz eine bestimmte Temperatur halten sollen. In einem Bügeleisen hält er die Temperatur auf dem eingestellten Wert. Die Temperatur der Luft in einem Zimmer lässt sich mit einem Bimetall-Schalter auf dem gewünschten Wert halten (Bild 3).
Ein solcher Schalter heißt **Thermostat**. Das bedeutet: „Temperatur konstant halten".

> Ein Bimetallstreifen kann in einem Stromkreis als Schalter eingesetzt werden.

1 Stromkreis mit Bimetallstreifen als Schalter

V1 Baue den Stromkreis aus Bild 1 auf. Erwärme den Bimetallstreifen vorsichtig mit einer Kerze. Lass ihn dann abkühlen. Beschreibe deine Beobachtungen.

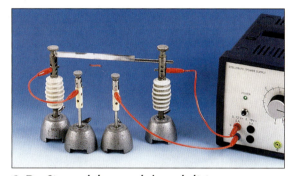

2 Der Strom wird aus- und eingeschaltet.

V2 Ändere den Aufbau in V 1 so ab, wie es Bild 2 zeigt. Die Heizwendel kannst du dir selbst aus Konstantandraht auf einem Nagel wickeln. Regele das Stromversorgungsgerät so, dass die Wendel glüht. Beschreibe deine Beobachtungen.

A3 Beschreibe, wie die Temperatur der Luft mithilfe des Bimetallstreifens in einem Raumluft-Thermostaten auf einem bestimmten Wert gehalten wird.

1 Überlege, wie du einen Feuermelder nach Versuch 2 aufbauen könntest. Baue die Anordnung entsprechend um und probiere es aus.

2 Ein Fernsehturm ist aus Stahl-Beton gebaut. Warum krümmt er sich weder im Sommer noch im Winter?

4 Fernsehturm

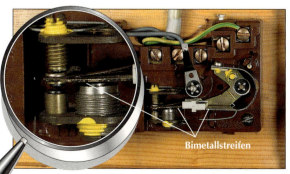

3 Raumluft-Thermostat mit Bimetall-Schalter

Temperatur und Wärme

5 Volumenänderung bei Gasen

5.1 Ausdehnung beim Erwärmen

Dehnen sich auch Gase beim Erwärmen aus? Das kannst du an dem Gas untersuchen, das uns alle umgibt, der Luft. Doch das ist nicht so einfach, denn Luft ist unsichtbar. Du siehst also nicht, was beim Erwärmen der Luft, zum Beispiel in einem Erlenmeyerkolben, passiert. Hältst du aber den Luft gefüllten Kolben mit dem Glasrohr ins Wasser und erwärmst ihn, siehst du Luftblasen aufsteigen (Versuch 1). Die Luft kann nur aus dem erwärmten Kolben entwichen sein. Daraus kannst du schließen, dass sich Luft beim Erwärmen ausdehnt, ebenso wie Flüssigkeiten und feste Gegenstände. Umgekehrt zieht sich auch Luft beim Abkühlen zusammen. Ein Vergleich von Wasser und Luft zeigt, dass sich Luft bei gleicher Erwärmung etwa zehnmal so stark ausdehnt wie Wasser.

1 Ein luftgefüllter Stehkolben wird erwärmt.

V1 Verschließe einen Erlenmeyerkolben mit einem durchbohrten Stopfen, durch den du ein abgewinkeltes Glasrohr gesteckt hast. Halte dieses wie in Bild 1 in ein mit Wasser gefülltes Becherglas.
a) Erwärme den Kolben mit einer Kerze. Beschreibe.
b) Nimm dann die Kerze weg. Was passiert jetzt?
c) Kühle nun den Kolben mit kaltem Wasser. Beobachte ihn und beschreibe, was geschieht.

A2 Erkläre die Beobachtungen aus V1.

V3 Ziehe das Glasrohr aus dem Erlenmeyerkolben heraus und gib einen Tropfen angefärbtes Wasser hinein. Verschiebe den Tropfen im Rohr durch Klopfen oder Pusten, bis er nahe am Knick sitzt. Stecke den Stopfen wieder in den Erlenmeyerkolben.
a) Erwärme den Erlenmeyerkolben mit den Händen. Beobachte den Tropfen und erkläre, was geschieht.
b) Lass das Glas abkühlen. Beobachte den Tropfen erneut und erkläre sein Verhalten.

V4 a) Stelle den Erlenmeyerkolben aus V3 zusammen mit einem Thermometer in ein Gefäß mit kaltem Wasser. Markiere den Stand des Tropfens und lies die Wassertemperatur am Thermometer ab. Erwärme das Wasser. Markiere den Tropfenstand, wenn das Wasser jeweils um 5 Grad wärmer geworden ist. Fahre fort, bis der Tropfen kurz vor dem Ende des Rohres steht.
b) Stelle den Erlenmeyerkolben und das Thermometer anschließend in kaltes Wasser und vergleiche Tropfenstand und Thermometeranzeige. Berichte.

V5 Lehrerversuch: Drei gleiche Kolbenprober werden jeweils mit gleich viel Luft, Erdgas und Kohlenstoffdioxid gefüllt, sodass die Kolben in einer Wasser-Eis-Mischung gleich hoch stehen (Bild 2). Anschließend werden die Kolbenprober in heißes Wasser gestellt.

A6 Beschreibe deine Beobachtung aus V5. Was folgt daraus für die Ausdehnung verschiedener Gase?

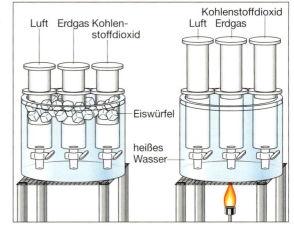

2 Hier werden verschiedene Gase erwärmt.

Untersuchst du die Ausdehnung beim Erwärmen verschiedener Gase, zeigt sich, dass sich alle Gase bei gleicher Erwärmung gleich stark ausdehnen (Bild 2).

> Gase dehnen sich beim Erwärmen aus, etwa zehnmal so stark wie Wasser. Alle Gase dehnen sich gleich stark aus.

1 Warum musst du in Versuch 1 Wasser zu Hilfe nehmen, um die Ausdehnung von Luft zu zeigen?

2 In Versuch 4 hast du ein Gasthermometer geeicht. Beschreibe den Vorgang.

3 Wie arbeitet ein Gasthermometer?

Temperatur und Wärme

Fahren mit erwärmter Luft

Praktikum

Ein **Heißluftballon** besteht aus einem Korb und einer Hülle aus luftundurchlässigem Material. Diese Hülle ist unten offen. Darunter befindet sich ein großer Gasbrenner. Wenn die Pilotin oder der Pilot den Gasbrenner zündet, wird die Luft in der Hülle erwärmt. Sie dehnt sich aus. Was zu viel ist, kann durch die Öffnung entweichen. Da die Hülle nicht dehnbar ist, bleibt das Volumen des Ballons immer gleich.

Nun überlege: Das Volumen des Ballons ist nach dem Heizen gleich geblieben, in der Hülle ist aber weniger Luft als vorher. Folglich ist die in der Hülle verbliebene heiße Luft leichter als die kühle Luft der Umgebung. Sie steigt nach oben. Ballon, Hülle und Korb werden von der aufsteigenden heißen Luft mitgenommen. Beim Fahren kann die Pilotin oder der Pilot durch Zünden des Gasbrenners die Luft im Inneren der Hülle immer wieder erwärmen. Wird der Brenner ausgestellt, kühlt sich die Luft wieder ab. Auf diese Weise kann ein Heißluftballon steigen oder sinken. Vorwärts getrieben wird er aber nur vom Wind.

V 1 Bau eines Heißluftballons

Wenn du den Angaben auf dem Bauplan genau folgst, wirst du bald deinen eigenen Heißluftballon steigen lassen können. Besorge dir zunächst 6 Bögen Seidenpapier (70 cm x 30 cm). Wenn dein Ballon bunt werden soll, brauchst du entsprechend buntes Seidenpapier.

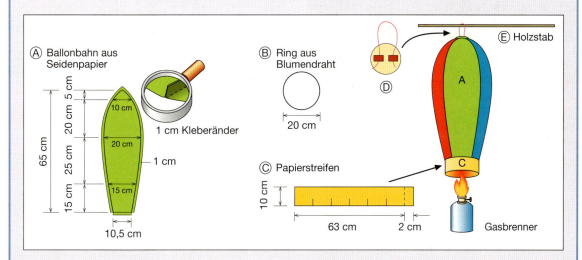

Bauplan:
(A) Zeichne dir mit Schneiderkreide auf das Papier die Umrisse einer Bahn. Schneide dann die Bahn aus und lege sie auf den nächsten Bogen. So kannst du leicht 6 Bahnen ausschneiden. Klebe die Bahnen an den 1 cm breiten Rändern zusammen. Die Kleberänder müssen im Balloninneren sein.
(B) Jetzt brauchst du einen 62,8 cm langen, dünnen Blumendraht. Forme den Draht zu einem Ring und löte die Enden zusammen, ohne sie übereinander zu legen. Klebe den Ring unten in den Ballon ein.
(C) Schneide aus farbiger Pappe den angegebenen Streifen aus und klebe ihn so zusammen, dass der 2 cm breite Klebestreifen innen ist. Klebe diesen Ring nun auf die unteren Laschen der Ballonbahnen.
(D) Der Ballon muss oben noch zugeklebt werden. Schneide dazu aus Papier einen Kreis mit mindestens 10 cm Durchmesser aus. Klebe zunächst eine Schlaufe aus dünnem Bindfaden darauf und klebe dann die Papierscheibe oben auf den Ballon.
(E) Hänge den Ballon an einen Holzstab. Entzünde einen Gasbrenner und erwärme vorsichtig die Luft im Inneren des Ballons. Wenn er zu tanzen beginnt, stelle den Brenner ab und ziehe die Schlaufe vom Holzstab.

GUTE FAHRT!

Temperatur und Wärme

1 Heißes Wasser tropft auf Eis.

6 Fest, flüssig, gasförmig

6.1 Wasser begegnet uns in drei Aggregatzuständen

Heißes Wasser tropft auf einen Eisblock und höhlt ihn aus. Wasser fließt heraus und Wasserdampf steigt auf. Den kannst du nicht sehen, denn Wasserdampf ist unsichtbar. Du siehst nur den feinen Nebel, der daraus entsteht.
Hier zeigt sich Wasser in drei verschiedenen Zustandsformen: **fest, flüssig** und **gasförmig.** Diese drei Zustandsformen sind die **Aggregatzustände** des Wassers.

Ob ein Stoff fest, flüssig oder gasförmig ist, hängt von der Temperatur ab, die er gerade hat. Du weißt, dass Wasser bei Temperaturen *unter* 0 °C festes Eis bildet. Beim Erwärmen schmilzt es bei 0 °C. Es wird flüssig. 0 °C ist die **Schmelztemperatur** von Wasser. Bei dieser Temperatur geht Wasser vom festen in den flüssigen Aggregatzustand über.

Beim weiteren Erwärmen siedet das Wasser bei 100 °C und verdampft. 100 °C ist die **Siedetemperatur** von Wasser. Bei dieser Temperatur geht es vom flüssigen in den gasförmigen Aggregatzustand über.

Wenn du einen Eiswürfel in einem kleinen Becherglas erhitzt, kannst du diese drei Aggregatzustände zur gleichen Zeit beobachten. Es kommt vor, dass ein Teil des Wassers bereits siedet, während noch festes Eis im Wasser schwimmt. Es dauert nämlich einige Zeit, bis ein dicker Eiswürfel vollständig geschmolzen ist.

> Ein Stoff kann fest, flüssig oder gasförmig sein.
> Diese Zustandsformen heißen Aggregatzustände.
> Bei der Schmelztemperatur wird ein fester Stoff flüssig. Diese Temperatur beträgt bei Wasser 0 °C.
> Bei der Siedetemperatur wird ein flüssiger Stoff gasförmig. Diese Temperatur beträgt bei Wasser 100 °C.

V1 Gib einen Eiswürfel in ein 100 ml-Becherglas. Stelle das Becherglas auf eine Ceranplatte oder ein Keramik-Drahtnetz und den Gasbrenner darunter. Erhitze mit kleiner blauer Flamme, bis der Eiswürfel geschmolzen ist.
Beobachte alle Veränderungen. Notiere sie.
A2 Woran erkennst du, dass bei diesem Versuch auch Wasserdampf entsteht? Bedenke: Wasserdampf ist unsichtbar!

1 Zähle Nahrungsmittel auf, die mit siedendem Wasser zubereitet werden.
2 Flüssiges Wasser hat andere Eigenschaften als festes Wasser. Nenne die Unterschiede.
3 Wo wird Wasser in seinen verschiedenen Aggregatzuständen genutzt? Nenne Beispiele aus dem Alltag.
4 Nenne weitere Stoffe, die du schon in zwei Aggregatzuständen gesehen hast. Wo werden diese Stoffe in ihrem jeweiligen Zustand eingesetzt? Fertige eine Tabelle an.

6.2 Schmelzen und Erstarren

„Temperaturen um 0 °C – Glatteisgefahr." Bei dieser Meldung im Verkehrsfunk weiß jeder Fußgänger, Radfahrer und Autofahrer, was ihn auf der Straße erwartet. Manche bleiben dann lieber gleich zu Hause.

Du weißt, dass Wasser bei 0 °C zu Eis erstarrt. 0 °C ist die **Erstarrungstemperatur** von Wasser. Sie ist gleich der Schmelztemperatur, die ja beim Wasser ebenfalls 0 °C beträgt.
Beim Wasser sprechen wir meistens vom *Gefrieren* statt vom Erstarren. Wir nennen deshalb die Temperatur 0 °C den *Gefrierpunkt* des Wassers.

Schmelz- und Erstarrungsvorgänge kannst du nicht nur beim Wasser beobachten. In der Küche wird Fett in der Fritteuse geschmolzen. Es erstarrt wieder beim Abkühlen. Aus geschmolzener Schokolade kannst du eine schöne Tortenglasur oder mit kleinen Förmchen sogar Pralinen gießen. Beim Basteln kannst du mit Lötzinn oder mit Schmelzkleber feste Verbindungen herstellen.

1 *Aus flüssiger Schokolade werden Pralinen.*

Die Schmelz- oder Erstarrungstemperaturen lassen sich für viele Stoffe sehr genau messen. Solche Messwerte werden benutzt, um Stoffe von anderen unterscheiden zu können.

> Jeder Stoff hat seine eigene Schmelztemperatur. Sie ist eine wichtige messbare Stoffeigenschaft. Die Schmelztemperatur eines Stoffes ist gleich seiner Erstarrungstemperatur.

1 In einer Metallgießerei werden aus geschmolzenem Metall Gegenstände hergestellt. Nenne Beispiele für solche Gießereiprodukte.
2 Elektrische Anschlüsse werden häufig gelötet. Nenne Vorteile solcher Lötverbindungen.

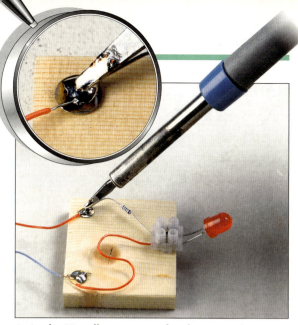

2 *An der Lötstelle erstarrt geschmolzenes Lötzinn.*

V1 Fülle ein Reagenzglas zur Hälfte mit klein geschnittenem Kerzenwachs (Paraffin oder Stearin). Stelle das Reagenzglas in ein Becherglas mit etwa 60 °C warmem Wasser. Miss mehrmals die Temperatur des schmelzenden Wachses, solange noch größere Anteile des festen Kerzenwachses vorhanden sind (Bild 3 A). Notiere die Messwerte.
V2 Nimm das Reagenzglas mit dem vollständig geschmolzenen Wachs aus dem Wasserbad und lass es an der Luft abkühlen. Miss mehrmals die Temperatur des erstarrenden Kerzenwachses. Rühre dabei mit dem Thermometer vorsichtig um, damit es nicht im Wachs festklebt (Bild 3 B).
Notiere die Messwerte und vergleiche sie mit den Ergebnissen von V 1. Erkläre deine Beobachtungen.

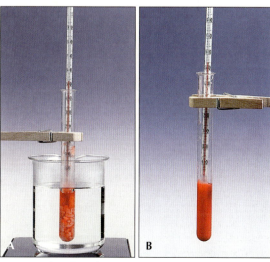

3 *So werden die Schmelztemperatur (A) und die Erstarrungstemperatur (B) von Kerzenwachs bestimmt.*

Temperatur und Wärme

1 Wasser siedet und kondensiert wieder.

V1 Gib Wasser und ein Siedesteinchen in ein Becherglas. Erhitze bis zum Sieden.
a) Beobachte alle Veränderungen im Wasser.
b) Miss die Temperatur des Wassers während des Siedens einige Male.
Was stellst du fest?

V2 Gib 100 ml Wasser und ein Siedesteinchen in einen Erlenmeyerkolben. Verschließe den Erlenmeyerkolben mit einem durchbohrten Stopfen, in dem ein etwa 40 cm langes Glasrohr steckt (Bild 2). Bringe das Wasser im Kolben zum Sieden und beobachte die Vorgänge im Glasrohr.

V3 Erhitze Wasser in einem Becherglas auf etwa 85 °C. Lösche die Brennerflamme. Stelle ein Reagenzglas hinein, das zu einem Viertel mit Spiritus gefüllt ist und gib ein Siedesteinchen in das Reagenzglas (Bild 3). Miss die Temperatur vom Spiritus während des Siedens einige Minuten lang. Was fällt dir auf?

6.3 Verdampfen und Kondensieren

Wenn du auf dem Küchenherd Wasser erhitzt, kannst du leicht feststellen, ob es siedet. Das Wasser bewegt sich dann heftig und der Wasserdampf steigt in großen Blasen an die Oberfläche. Das Wasser ist **verdampft**.

Hältst du ein kaltes Becherglas in den Wasserdampf, so bilden sich darin schnell Wassertropfen. Der Wasserdampf wird im Glas abgekühlt und dabei zu flüssigem Wasser, er **kondensiert**. Doch Vorsicht! Das Becherglas wird sehr heiß, denn Wasser kondensiert bei 100 °C. Die **Kondensationstemperatur** des Wassers ist gleich der Siedetemperatur, die ja ebenfalls 100 °C beträgt.
Das ist bei jedem Stoff so, jedoch haben unterschiedliche Stoffe auch unterschiedliche Kondensations- und Siedetemperaturen. Spiritus zum Beispiel siedet oder kondensiert bei 78 °C, Eisen aber erst bei 2730 °C.

> Jeder Stoff hat seine eigene Siedetemperatur. Sie ist eine wichtige messbare Stoffeigenschaft.
> Die Kondensationstemperatur eines Stoffes ist gleich seiner Siedetemperatur.

1 „Chef, das Wasser kocht – oder soll's noch heißer werden?" Was sollte der Küchenchef auf diese Frage des neuen Küchengehilfen antworten?
2 In der Tabelle 4 sind die Schmelz- und Siedetemperaturen einiger Stoffe zusammengestellt. Nenne den Aggregatzustand, den diese Stoffe bei Raumtemperatur (20 °C) besitzen.
3 Gib für jeden Stoff aus der Tabelle an, zwischen welchen Temperaturen er flüssig ist.
4 Warum werden die Glühfäden in Glühlampen aus dem Metall Wolfram hergestellt?

Stoff	Schmelz-temperatur	Siede-temperatur
Sauerstoff	−218 °C	−183 °C
Methan (Erdgas)	−182 °C	−161 °C
Alkohol (Spiritus)	−114 °C	78 °C
Wasser	0 °C	100 °C
Schwefel	119 °C	444 °C
Kochsalz	801 °C	1440 °C
Quecksilber	−39 °C	357 °C
Zinn	232 °C	2270 °C
Gold	1064 °C	3080 °C
Eisen	1537 °C	2730 °C
Wolfram	3400 °C	5900 °C

4 Schmelz- und Siedetemperaturen einiger Stoffe

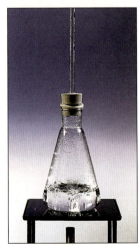

2 Verdampfen und Kondensieren von Wasser

3 Bestimmung der Siedetemperatur von Spiritus

Temperatur und Wärme

Die Aggregatzustände lassen sich mit dem Teilchenmodell erklären

Streifzug durch die Mikrowelt

Wir wissen heute, dass alle Stoffe aus kleinen Teilchen bestehen. Die können wir uns sehr vereinfacht als kleine Kügelchen vorstellen. Sie sind so winzig, dass wir sie auch durch das beste Mikroskop nicht sehen können.

Die Vorstellung vom Aufbau der Stoffe nennen wir „Teilchenmodell". Diese Modellvorstellung hilft uns, das Verhalten eines Stoffes im festen, flüssigen und gasförmigen Zustand zu erklären.

Als Beispiel zur Erklärung nehmen wir eine Stearinkerze. Sie hat längere Zeit gebrannt und wurde gerade ausgeblasen.

Im *festen* Stearin sind die Teilchen auf engem Raum regelmäßig angeordnet. Sie haben feste Plätze, von denen sie sich nicht fortbewegen können. Diese regelmäßige Ordnung im Inneren erkennst du übrigens auch äußerlich an den schönen, regelmäßigen Kristallen des festen Stearins.

Im *flüssigen* Stearin sind die Teilchen nicht mehr regelmäßig geordnet und werden nicht mehr so fest zusammengehalten. Es sind Lücken dazwischen. Die Teilchen können jetzt leicht gegeneinander verschoben werden und darum jeden beliebigen Platz in der Flüssigkeit einnehmen.

Im *gasförmigen* Stearin sind die Stearinteilchen noch sehr viel weiter voneinander entfernt. Sie haben jeden Zusammenhalt verloren.

1 Erkläre mit dem Teilchenmodell, warum eine Flüssigkeit keine feste Form hat, sondern sich jedem beliebigen Gefäß anpasst.
2 Gasförmiges Stearin befindet sich nur dicht um den heißen Kerzendocht. Dieser Stearindampf ist unsichtbar.
Welchen Aggregatzustand könnte das Stearin im weißen Rauch der ausgeblasenen Kerze haben?

1 Die drei Zustandsformen von Stearin im Teilchenmodell

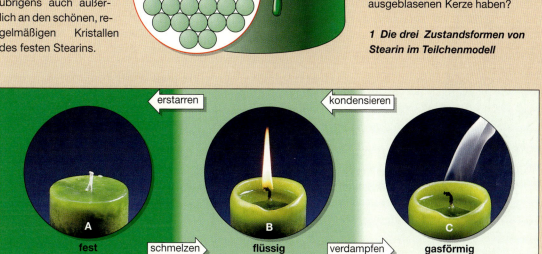

2 Die Aggregatzustände und die Zustandsänderungen bei Stearin

Temperatur und Wärme

Projekt

Von der Wetterbeobachtung zur Wettervorhersage

1 Schichtwolken

2 Haufenwolken

Die Wettervorhersagen im Fernsehen, im Radio oder in der Zeitung werden von Fachleuten mithilfe von zahlreichen Messstationen, Satelliten und Computern erstellt.
Jeder von uns kann aber auch selbst für seinen Wohnort Vorhersagen machen, wenn er das Wetter genau beobachtet und einige einfache Regeln anwendet.

In diesem Projekt könnt ihr solche Regeln zur Wettervorhersage selbst entdecken. Dazu müsst ihr zunächst 2 oder 3 Wochen lang das Wetter täglich beobachten und die Ergebnisse aufschreiben. Da es viel zu beobachten gibt, verteilt ihr diese Arbeit auf vier Gruppen.
Am Ende der Beobachtungszeit vergleicht ihr eure Beobachtungen eines jeden Tages mit der Wetterbeschreibung des folgenden Tages. Diese hat die Gruppe 4 für die anderen Gruppen erstellt.
Durch diesen Vergleich könnt ihr Zusammenhänge erkennen und Vorhersageregeln bestimmen.

5 Minimum-Maximum-Thermometer

Gruppe 1: Temperatur, Luftdruck, Luftfeuchtigkeit

6 Barometer

Messt täglich zur gleichen Zeit und am gleichen Platz im Freien die **Lufttemperatur**. Die Messung erfolgt immer im Schatten und etwa einen Meter über dem Boden. So bleiben die Messwerte vergleichbar. Mit einem *Minimum-Maximum-Thermometer* könnt ihr zusätzlich die tiefste und höchste Temperatur eines Tages bestimmen.
Zur Messung des **Luftdrucks** verwendet ihr ein *Barometer*. Diese Messung soll immer mit dem gleichen Gerät erfolgen. Der mittlere Luftdruck beträgt 1013 Hektopascal (hPa). Um diesen Mittelwert schwankt der Luftdruck.
Die **Luftfeuchtigkeit** wird mit dem *Hygrometer* gemessen. Es zeigt an, ob mehr oder weniger Wasserdampf durch die Verdunstung über Meeren, Seen und dem Land in die Luft gekommen ist. Zeigt der *Feuchtigkeitsmesser* 100% an, dann kann die Luft kein weiteres Wasser mehr aufnehmen. Sie ist mit Wasserdampf gesättigt.

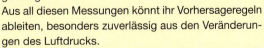

7 Hygrometer

Aus all diesen Messungen könnt ihr Vorhersageregeln ableiten, besonders zuverlässig aus den Veränderungen des Luftdrucks.

Temperatur und Wärme

3 Federwolken

4 Gewitterwolken

Gruppe 2: Windrichtung, Windstärke

Zum Wetter gehört auch der Wind. An einem Wetterhahn, einer Windfahne oder an aufsteigendem Rauch könnt ihr die **Windrichtung** genau ablesen.
Die **Windstärke** lässt sich ganz einfach mit der Tabelle unten bestimmen.
An manchen Tagen wechselt die Windrichtung, darum ist es sinnvoll, sie täglich zweimal abzulesen. Bestimmte Windrichtungen weisen auf Wetterveränderungen hin. Auch daraus könnt ihr Vorhersageregeln ableiten.

Windstärke	Auswirkungen
0 Windstille	Rauch steigt senkrecht auf
1 leichter Zug	nur an Rauch erkennbar
2 leichte Brise	im Gesicht fühlbar
3 schwache Brise	bewegt Blätter und Zweige
4 mäßige Brise	bewegt dünne Äste
5 frische Brise	kleine Bäume schwanken
6 starker Wind	bewegt starke Äste
7 steifer Wind	bewegt ganze Bäume
8 stürmischer Wind	bricht Zweige von Bäumen
9 Sturm	bricht große Äste ab
10 schwerer Sturm	entwurzelt Bäume
11 orkanartiger Sturm	schwere Sturmschäden
12 Orkan	schwerste Sturmschäden

Gruppe 3: Wolken

Wenn wir nach dem Wetter schauen, geht unser erster Blick zum Himmel. Dort beobachten wir drei Grundformen von Wolken: *Haufenwolken, Schichtwolken* und *Federwolken.* Manchmal treten mehrere Formen gleichzeitig auf.
Schreibt die **Wolkenform** am Vormittag und am Nachmittag auf und notiert, welcher **Anteil** des Himmels jeweils bedeckt ist. Wolken geben oft Hinweise auf das kommende Wetter und können so ebenfalls zu einer Wettervorhersage beitragen.

Gruppe 4: Regen, Sonne

Diese Gruppe erstellt für jeden Tag eine **Wetterbeschreibung.** Sie beurteilt, ob das Wetter gut oder schlecht war, ob es sonnig, heiter, wechselhaft oder regnerisch war. Zu dieser Wetterbeschreibung gehören auch die besonderen Ereignisse wie zum Beispiel das Auftreten von Schnee, Glatteis, Hagel, Regen, Nebel, Gewitter, Sonnenschein.
Bestimmt die **Regenmenge** eines jeden Tages mithilfe eines *Regenmessers* in Millimeter. Wenn auf einen Quadratmeter Boden ein Liter Regen gefallen ist, zeigt der Regenmesser einen Millimeter an. Zur Wetterbeschreibung gehört schließlich auch die Dauer des Sonnenscheins.
Eure Aufzeichnungen brauchen die anderen Gruppen, wenn sie nach ihren Beobachtungen Vorhersageregeln für das Wetter herausfinden und überprüfen wollen.

Auf einen Blick — Temperatur und Wärme

1. Der Temperatursinn des Menschen ist unzuverlässig. Temperaturen können nur mit einem Thermometer genau gemessen werden.

2. Viele Thermometer nutzen die Volumenänderung von Flüssigkeiten aus. Flüssigkeiten dehnen sich beim Erwärmen aus und ziehen sich beim Abkühlen zusammen. Verschiedene Flüssigkeiten dehnen sich bei gleicher Erwärmung unterschiedlich stark aus.

3. Zum Ablesen von Temperaturen dient die Skala des Thermometers. Die Celsius-Skala enthält die Fixpunkte 0 °C und 100 °C. Zwischen diesen ist sie in 100 gleiche Teile unterteilt.

4. Wärme ist eine Energieform. Wärmequellen sind Energiewandler. Sie wandeln mechanische, elektrische, chemische oder atomare Energie in Wärme um.

5. Ein Körper wird erwärmt, wenn ihm Energie in Form von Wärme zugeführt wird. Dadurch steigt seine Temperatur. Die Temperatur eines Körpers sinkt, wenn ihm Energie in Form von Wärme entzogen wird.

6. Wasser verhält sich anders als die übrigen Flüssigkeiten.
Eine bestimmte Menge Wasser hat bei 4 °C das kleinste Volumen und dehnt sich beim weiteren Abkühlen und auch beim Erstarren aus.
Diese Besonderheiten heißen Anomalie des Wassers.

7. Feste Gegenstände dehnen sich beim Erwärmen nach allen Seiten aus.
Beim Abkühlen ziehen sie sich zusammen.

8. Die Größe der Ausdehnung hängt von dem jeweiligen Stoff ab, aus dem der Gegenstand besteht.

9. Ein Bimetallstreifen besteht aus zwei Metallen, die sich verschieden stark ausdehnen.

10. Beim Erwärmen krümmt sich der Streifen in Richtung des Metalls, das sich nicht so stark ausdehnt. Beim Abkühlen biegt er sich in die andere Richtung.

11. Gase dehnen sich beim Erwärmen aus und ziehen sich beim Abkühlen zusammen. Bei gleicher Erwärmung dehnen sich alle Gase gleich stark aus, etwa zehnmal so viel wie Wasser.

Aggregatzustand: fest

Aggregatzustand: flüssig

Aggregatzustand: gasförmig

12. Der Übergang vom festen zum flüssigen Aggregatzustand heißt Schmelzen. Die Temperatur, bei der dieser Übergang stattfindet, heißt Schmelztemperatur.

13. Der Übergang vom flüssigen zum gasförmigen Aggregatzustand heißt Verdampfen. Die Temperatur, bei der dieser Übergang stattfindet, heißt Siedetemperatur.

14. Die Übergänge beim Abkühlen heißen Kondensieren und Erstarren. Die Kondensationstemperatur ist gleich der Siedetemperatur. Die Erstarrungstemperatur ist gleich der Schmelztemperatur.

15. Die Übergangstemperaturen, die Siede- und Schmelztemperatur, sind wichtige Angaben zum Erkennen eines Stoffes.

Temperatur und Wärme

Prüfe dein Wissen

1 Wenn du an einem Wintertag in den Keller gehst, kommt es dir angenehm warm darin vor. Im Sommer ist es im Keller angenehm kühl. Wie kommt das?

2 Zeichne ein Thermometer und beschrifte alle Teile.

3 a) Welche Aufgabe erfüllt das Thermometer?
b) Warum kannst du mit einem Thermometer ohne Skala keine Temperaturen messen?

4 Warum bewegt sich die Thermometerflüssigkeit?

5 Nenne die Fixpunkte der Celsius-Skala. Warum sind Fixpunkte notwendig?

6 An einem Wintertag steigt die Lufttemperatur von −7 °C auf 4 °C an. Um wie viel Grad ist es wärmer geworden?

7 Zähle Energieformen auf.

8 Begründe, dass eine Wärmequelle Energie benötigt.

9 Beschreibe, was passiert, wenn du mit einem Lötkolben einen Draht anlötest. Benutze die Wörter Wärmequelle, Wärme, Temperatur, erwärmen.

10 Beschreibe, in welche Richtung Wärme strömt, wenn du deinen Kopf mit einem Eisbeutel kühlst. Was ist dabei die Wärmequelle? Welche Energieform wird in ihr umgewandelt?

11 Was geschieht, wenn Eisen auf 1537 °C erhitzt wird?
A: Eisen wird flüssig.
B: Eisen verbrennt.
C: Eisen siedet.

12 Was wird in einem Zeit-Temperatur-Diagramm dargestellt?

13 a) Lies im folgenden Diagramm die Temperaturen ab, die das Wasser nach 2, 4, 6 und 8 Minuten erreicht hat.
b) Nach wie vielen Minuten hatte das Wasser 40 °C, 69 °C, 84 °C?

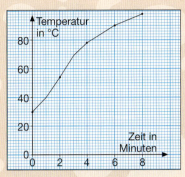

14 a) In welchem Gefäß befand sich vor dem Erstarren Wasser? Woran erkennst du das?
b) Welcher Stoff könnte sich in dem anderen Gefäß befinden?

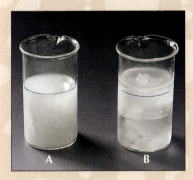

15 Warum würde ein Thermometer mit Wasser als Anzeigeflüssigkeit zwischen 4 °C und 0 °C falsche Werte anzeigen?

16 Wenn ein Zimmer geheizt wird oder die Luft sich darin abkühlt, kannst du manchmal Holzmöbel knacken und knistern hören. Woran kann das liegen?

17 Erkläre, warum ein dickes Glas zerspringt, wenn du heißen Tee einfüllst. Denke daran, dass das Glas außen längere Zeit kalt bleibt.

18 Wenn du in eine Plastikflasche heißes Wasser gießt und sie bis zum Rand füllst, sinkt der Wasserspiegel nach kurzer Zeit ab. Probiere aus und erkläre.

19 Hier siehst du das Modell eines Bimetall-Thermometers.
a) Erkläre, wie es funktioniert.
b) Was müsstest du tun, damit du mit dem Gerät Temperaturen messen könntest?

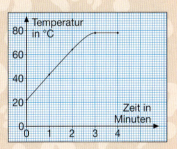

20 Hier siehst du ein Zeit-Temperatur-Diagramm einer Flüssigkeit, die bis zum Sieden erhitzt wurde. Um welche Flüssigkeit handelt es sich dabei?

21 Zeichne die folgende Übersicht ab und ergänze die fehlenden Begriffe und Zahlenwerte.

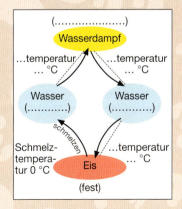

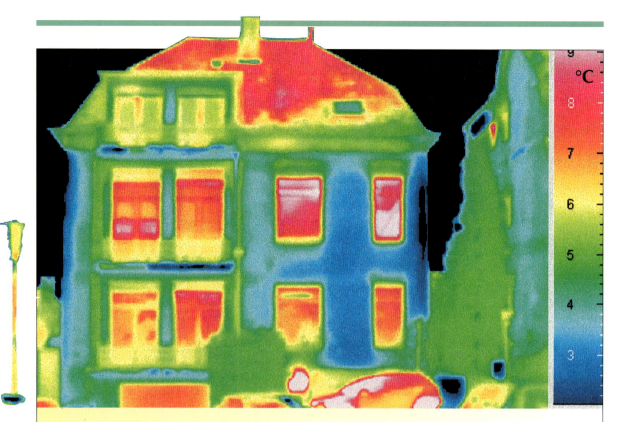

Wärme transportieren und speichern

1 Wärmeverlust durch Energielecks

Damit bei einem Haus möglichst wenig Wärme verloren geht, muss das Haus gut wärmegedämmt sein. Dennoch ist ein gewisser **Wärmeverlust** unvermeidlich. Dieser Verlust muss durch Heizen ausgeglichen werden.

Dem Haus siehst du äußerlich nicht ohne weiteres an, ob seine Wärmedämmung gut und damit der Wärmeverlust gering ist. Die möglichen Schwachstellen des Hauses werden erst durch spezielle Infrarotaufnahmen sichtbar. Diese Aufnahmen machen Fachleute von Wänden und Dachflächen des Hauses. Dazu benutzen sie eine Spezialkamera, die die unterschiedlichen Temperaturen an der Außenseite des Hauses durch unterschiedliche Farben erkennen lässt. Die Rot- und Gelbtöne stehen für höhere, die Grün- und Blautöne für niedrigere Außenwandtemperaturen. Je höher die Außenwandtemperatur ist, desto mehr Wärme geht durch diese **Energielecks** von innen nach außen verloren. Die Farbskala zeigt die unterschiedlichen Temperaturen an.

Wärme ist eine Form von **Energie.** Durch eine gute Wärmedämmung des Hauses kann also Energie gespart werden. Das schont nicht nur die Umwelt, sondern auch den Geldbeutel.

1.1 Von der Feuerstelle zur Zentralheizung

Unsere Vorfahren zündeten schon vor Tausenden von Jahren in ihren Höhlen Holzfeuer an, um sich daran zu wärmen. Das Feuer diente gleichzeitig auch der Zubereitung von Mahlzeiten und zum Abschrecken wilder Tiere.

Später bauten die Menschen Hütten und darin feste Feuerstellen. Beim Verbrennen des Holzes entstand aber beißender Rauch. Deshalb ließen die Menschen in der Wand oder im Dach der Hütte eine Öffnung, durch die der Rauch abziehen konnte. Zum Kochen wurde ein großer Kessel über das Feuer gehängt.

In späterer Zeit wurde die offene Feuerstelle durch einen Herd ersetzt. Die im Brennstoff enthaltene Energie konnte im Herd viel besser ausgenutzt werden. Außer Holz, Torf und Stroh konnte darin nun auch Kohle verbrannt werden. Ein im Herd eingebauter Wasserkessel hielt immer einen Vorrat an heißem Wasser vor.

Da hast du es doch heute viel bequemer: Die Zentralheizungsanlage sorgt für eine warme Wohnung und erzeugt meist auch das warme Wasser für Küche und Bad. Du brauchst nur noch das Heizungsventil oder den Warmwasserhahn zu öffnen.

Energieträger

Bei der Entwicklung vom Feuer in der Höhle bis zur Zentralheizung in unseren Wohnungen haben sich viele Veränderungen ergeben. Eines aber ist geblieben: Die Menschen brauchen zum Heizen einen Brennstoff, mit dem sie die gewünschte Wärme gewinnen können.
Früher wurde Holz oder Kohle verbrannt; heute wird meist mit Erdgas oder Heizöl geheizt. Auch Biogas kann als Brennstoff eingesetzt werden.
Solche Stoffe werden **Energieträger** genannt. Die in ihnen enthaltene chemische Energie wird durch Verbrennung in Wärme umgewandelt. Verbrennung ist also eine **Energieumwandlung.**

> Bei der Verbrennung von Energieträgern wie Heizöl, Erdgas, Holz und Kohle wird chemische Energie in Wärme umgewandelt.

1 Die Feuerstellen ändern sich.

1 Nenne weitere Energieträger, aus denen durch Energieumwandlung Wärme erzeugt wird.
2 Gib verschiedene Heizungsarten an, die heute genutzt werden. Nenne ihre Vorteile und Nachteile.

A1 Erkläre mithilfe von Bild 1 wie sich das Heizen von Räumen im Laufe der Zeit verändert hat.
A2 Erkundige dich zu Hause wie hoch pro Jahr die Kosten für Heizung und warmes Wasser sind.

Wärme transportieren und speichern

1.2 Die Zentralheizung

In sehr vielen Wohnungen ist als Heizungsanlage eine **Zentralheizung** eingebaut.

Im **Heizkessel** der Zentralheizung wird meist Erdgas oder Heizöl verbrannt. Die Abgase werden zum Schornstein geleitet. Bei der Verbrennung der Energieträger wird Wasser in einem Rohrsystem erhitzt und von einer Pumpe zu den Heizkörpern transportiert. Im Heizkörper gibt das warme Wasser Wärme an die Luft im Raum weiter. Das Wasser kühlt sich dabei ab und fließt in einem geschlossenen Kreislauf zum Heizkessel zurück. Dort wird es wieder erwärmt.

Die Zentralheizung liefert auch warmes Wasser für Küche und Bad. Ein Teil des im Heizkessel erhitzten Wassers wird durch ein weiteres Rohrsystem in den **Speicher** gepumpt. Es fließt im geschlossenen Kreislauf in Rohrschlangen durch das Wasser im Speicher und dann zum Heizkessel zurück. Das Wasser in den Rohrschlangen kühlt sich dabei ab, das Wasser im Speicher erwärmt sich. Dieser Teil der Anlage ist ein **Wärmetauscher**.

Wird dem Speicher warmes Wasser entnommen, so fließt kaltes Wasser aus der Wasserleitung in den Speicher nach und wird durch den Wärmetauscher erhitzt.

Neben der Energie aus der Verbrennung von Öl oder Gas braucht eine Heizungsanlage auch elektrische Energie. Damit werden die Pumpen Ⓟ, die Zündung und die automatische Regelung der Wassertemperatur betrieben.

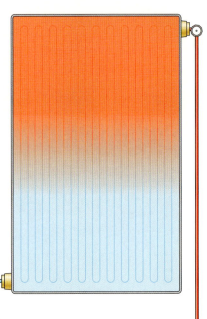
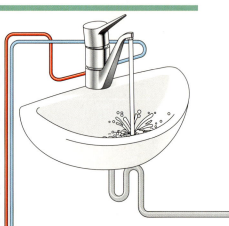
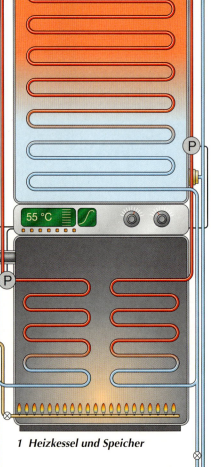

A1 Ein Heizkörper hat zwei Anschlüsse. Stelle durch Fühlen fest, welcher der Anschlüsse der Zulauf und welcher der Rücklauf des Wassers ist.

A2 Verfolge anhand von Bild 1 den Weg des Wassers vom Einlauf in den Heizkörper zum Heizkessel und wieder zum Heizkörper. Wie verändert sich die Temperatur des Wassers?

A3 Verfolge den Weg des Wassers vom Heizkessel zum Speicher. Erkläre jeweils die Veränderung der Temperatur beim Wasser im geschlossenen Kreislauf.

A4 Die Heizungsanlage ist mit dem Stromversorgungsnetz verbunden. Welche Aufgabe hat hier die Elektrizität?

A5 Warum sind in den Wasser- und Gasrohren Absperrventile eingebaut?

1 Heizkessel und Speicher

> Eine Zentralheizung besteht aus Heizkessel, Rohrsystemen, Heizkörpern, Pumpen und Geräten zur Regelung.

1 Nenne zwei Möglichkeiten die Wärmeabgabe der Heizkörper zu regeln.

2 Welche Vorteile bietet der Speicher?

Wärme transportieren und speichern

1.3 Die Arten des Wärmetransports

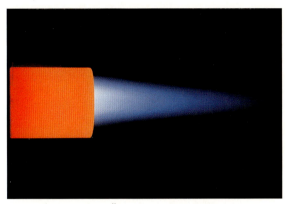

1 Die Flamme eines Ölbrenners im Heizkessel

Die Gasflammen erhitzen im Heizkessel der Zentralheizung die Rohre, in denen sich das Wasser befindet. Die Wärme geht auf die Metallrohre über. Sie geben die Wärme weiter an das Wasser. Diese Art des Wärmetransports wird **Wärmeleitung** genannt.

Das Wasser nimmt im Heizkessel die Wärme auf. Es wird durch das Rohrsystem in die Heizkörper gepumpt. Dabei führt das Wasser die Wärme mit. Dieser Wärmetransport ist die **Wärmemitführung.**
Eine Heizung würde aber auch ohne Pumpe funktionieren. Das kannst du gut in Bild 2 beobachten. Das unten im Glasrohr erwärmte Wasser steigt nach oben. Es kühlt sich ab und sinkt wieder nach unten. Ein solcher Kreislauf lässt sich auch bei der Luft im Zimmer feststellen. Am Heizkörper erwärmt sich die Luft, steigt hoch, nimmt Wärme mit und strömt entlang der Decke ins Zimmer. Dabei gibt die Luft Wärme an ihre Umgebung ab, wird dadurch kühler, sinkt nach unten, strömt am Boden wieder zum Heizkörper zurück und nimmt dort erneut Wärme auf. So wird dein Zimmer warm. Die Bilder 3 und 4 zeigen die Bewegung der warmen Luft.

In der Nähe des Heizkörpers kannst du Wärme spüren ohne den Heizkörper zu berühren. Diese Wärme gelangt durch **Wärmestrahlung** zu dir.

A1 Erkläre, wie die Wärme der Flamme bei Bild 1 zum Wasser in den Rohren gelangt.
A2 Welche Aufgabe hat das Wasser in der Heizungsanlage?
A3 Deine Hand wird warm, wenn du sie neben eine brennende Kerze hältst. Erkläre.

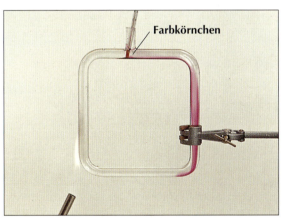

2 Warmes Wasser steigt auf.

> Wärme kann durch Wärmeleitung, Wärmemitführung und Wärmestrahlung transportiert werden.

1 Welche Art von Wärmetransport soll bei einer Hauswand vermieden werden?
2 Über dem Heizkörper bilden sich an der Zimmerdecke oft dunkle Flecken. Erkläre.

V4 Fülle das Glasrohr wie in Bild 2 vorsichtig mit Wasser. Gib durch die Öffnung des Glasrohrs einen kleinen Kaliumpermanganat-Kristall als Farbkörnchen. Stecke in die Öffnung ein Thermometer. Erhitze mit kleiner Brennerflamme das Glasrohr an einer unteren Ecke. Beobachte das Farbkörnchen und beschreibe.
A5 Was bewirken die Kerzen bei der Pyramide auf Bild 3?
A6 Wie kommt es in Bild 4 zu der Luftzirkulation?

3 Drehung durch Wärme

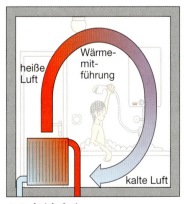

4 Luftzirkulation

Wärme transportieren und speichern

A1 Im Winter schmilzt Schnee nicht auf allen Dächern oder nur an manchen Stellen eines Daches. Erkläre.

A2 Warum ist es wichtig, Häuser gut gegen Wärmeverluste zu dämmen?

A3 Bild 1 zeigt ein Doppelhaus aus dem Jahr 1955. Die eine Hälfte wurde vor kurzem renoviert. Zähle auf, welche Maßnahmen zur Wärmedämmung ergriffen wurden.

A4 Vergleiche und erkläre den Wärmebedarf der beiden Doppelhaushälften anhand von Bild 1C.

A5 Welche Dämmstoffe für Häuser kennst du?

2 Wärme – bewegt und unbewegt

2.1 Wärmedämmung bei Häusern

Herrn Thomas gehört die rechte Hälfte eines Doppelhauses. Nachdem er sich jahrelang über hohe Heizkosten geärgert hatte, ließ er seine Haushälfte renovieren. Eine neue Haustür und neue Fenster wurden eingesetzt, die Kellerdecke, das Dach und die Wände wurden wärmegedämmt (Bild 1).

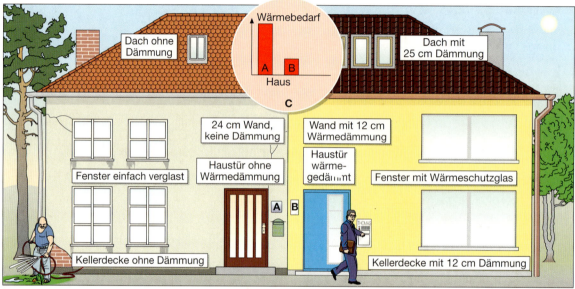

1 Doppelhaushälften: ursprünglicher Zustand (A); renoviert mit Wärmedämmung (B); Wärmebedarf (C)

A6 Untersuche Styropor® genau. Zerkleinere den Dämmstoff. Äußere Vermutungen, worauf die Dämmwirkung beruht.

A7 Warum dämmen feuchte oder nasse Dämmstoffe nur noch sehr schlecht?

2 Verschiedene Dämmstoffe

Häuser kühlen im Winter schnell aus, wenn die Heizungen ausgeschaltet werden. Das liegt an den unvermeidlichen Wärmeverlusten durch Wand und Dach, vor allem bei Altbauten. In Neubauten ist der Wärmebedarf geringer, da die Häuser besser wärmegedämmt sind. Dazu gibt es sogar eine gesetzliche Vorschrift, die Energie-Einspar-Verordnung. Sie schreibt die Wärmedämmung bei Häusern vor.

Beim Hausbau werden Steine und Dämmstoffe verwendet, die Wärme schlecht leiten (Bild 2). Diese Materialien enthalten eingeschlossene Luft, die zusätzlich für Wärmedämmung sorgt. Unbewegte Luft ist nämlich ein schlechter Wärmeleiter.

> Dämmstoffe verringern Wärmeverluste.

1 Informiere dich über Niedrigenergiehäuser. Warum sind die Heizkosten hier besonders gering?

Wärme transportieren und speichern

Schlechte oder gute Wärmedämmung?

Praktikum

1. Das Material

Zwei gleiche, stabile Pappschachteln; Karton für das Dach; Klebeband; klare Kunststofffolie; Holzleim; Styropor®-Platten (2 cm dick); Schere; Styropor®-Schneider; 30 W-Lampe (6 V | 5 A) mit Fassung; Thermometer oder digitales Temperaturmessgerät.

4. Einbau der Heizung

Stelle die Lampe mit Fassung auf den Boden des Hauses. Schließe die Glühlampe an ein Netzgerät an. Führe dazu das Kabel durch ein kleines Loch in der Hauswand. Lass die Lampe mindestens 10 Minuten leuchten, bevor du mit den Messungen beginnst.

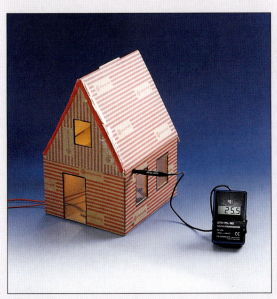

1 Haus A

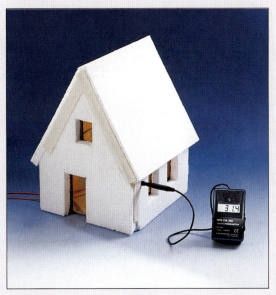

2 Haus B

2. Bau von zwei gleichen Häusern

Schneide aus den beiden Pappschachteln an den gleichen Stellen sorgfältig gleich große Löcher für Fenster und Haustür heraus. Beklebe die Fenster- und Türöffnungen von außen mit der klaren Kunststofffolie. Baue auch ein Dach, das du leicht öffnen kannst. Dies ist nötig, um das Thermometer zur Messung in das Haus legen oder hängen zu können.

3. Einbau der Dämmung

Beklebe eine der beiden Pappschachteln rundum von außen mit 2 cm starkem Styropor® und innen mit einer zweiten Folie für Fenster und Tür. Klebe Ritzen mit Klebeband zu und achte darauf, dass du das Styropor® lückenlos verarbeitest. Dichte auch das bewegliche Dach sorgfältig mit Klebeband ab.

5. Messungen

a) Miss die Temperaturen auf dem Boden und unter dem Dach von Haus A. Vergleiche die entsprechenden Messwerte und erkläre den Unterschied.
b) Wiederhole den Versuch a) in Haus B.
c) Miss die Temperaturen in beiden Häusern auf halber Höhe. In welchem Haus ist es wärmer? Erkläre.
d) Miss die Innen- und Außentemperaturen der Wände beider Häuser. Halte dazu das Thermometer 1 Minute mit dem Messfühler gegen die zu messende Wand. Erkläre die unterschiedlichen Temperaturen der beiden Häuser.
e) Baue Haus B zu einem Niedrigenergiehaus um. Verstärke dazu die Wärmedämmung auf 6 cm Dicke. Klebe eine weitere Folie auf Fenster und Türen. Wiederhole die Versuche b) und d) und erkläre die veränderten Messwerte.
f) Plane ein eigenes Niedrigenergiehaus.

Wärme transportieren und speichern

1 Frieren und schwitzen

2.2 Menschen frieren und schwitzen

Draußen ist es bitterkalt. Heute musst du unbedingt die dicke Jacke aus dem Schrank holen, damit du nicht frierst. Gut, dass im Haus die Heizung für angenehme Temperaturen sorgt.

Viele Tiere müssen den ganzen Winter über draußen verbringen. Auch sie schützen sich bei niedrigen Temperaturen. Ein dickes Winterfell hilft ebenso wie das aufgeplusterte Federkleid des Vogels in Bild 2. Andere Tiere graben sich ein oder verschlafen den Winter in einer Höhle.

A1 Warum frieren Menschen im Winter? Nenne verschiedene Gründe.

A2 a) Was tun Menschen und Tiere bei niedrigen Temperaturen? Zähle mehrere Beispiele auf.
b) Was tun sie bei hohen Temperaturen?

A3 Wenn du morgens in deinen Klassenraum kommst, ist er häufig noch kühl. Nach der ersten Stunde ist es jedoch so warm, dass du gerne das Fenster öffnen möchtest. Der Hausmeister hat die Heizung aber nicht höher gestellt. Erkläre die Temperaturzunahme.

A4 Wieso brauchst du in einem Iglu keine Heizung?

A5 Wie hält der menschliche Körper seine Temperatur auf 37 °C?

Bei vielen Lebewesen wird die Körpertemperatur durch Verbrennung von Nährstoffen so geregelt, dass sie fast gleich bleibt. Beim Menschen beträgt diese Temperatur etwa 37 °C.
Ist es deinem Körper zu heiß, beginnst du zu schwitzen. Dadurch kühlt sich dein Körper ab. Durch Ablegen von Kleidungsstücken oder einen Besuch im Schwimmbad kannst du dich weiter abkühlen.
Tiere leiden im Sommer ebenfalls unter zu hohen Temperaturen. Sie nehmen ein Bad oder legen sich in den Schatten.
Gegen das Frieren musst du dich mit Kleidung schützen. Dies kannst du mit der Wärmedämmung von Häusern vergleichen.

Unser Körper gibt ständig Wärme ab. Das merkst du daran, dass sich euer Klassenraum recht schnell erwärmt, ohne dass die Heizung höher gedreht wird. Jeder von euch gibt etwa so viel Wärme ab wie eine 60 W-Glühlampe. Im Iglu wird dies noch deutlicher. Trotz Außentemperaturen von −20 °C bis −30 °C herrscht im Iglu eine Temperatur von etwa 10 °C.

> Der Mensch reguliert seine Körpertemperatur bei hohen Außentemperaturen durch Schwitzen, bei niedrigen Temperaturen durch Kleidung.

2 So behelfen sich Lebewesen bei Kälte oder Hitze.

1 Warum ist ein Haus denkbar, in dem ohne Heizung dennoch eine Innentemperatur von 20 °C herrscht?

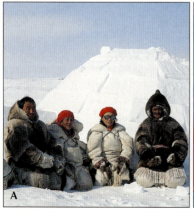

Wärme transportieren und speichern

SCHUTZ DURCH KLEIDUNG

Pinnwand

Schutz gegen Hitze

A1 Worauf beruht der Hitzeschutz beim Anzug des Feuerwehrmannes?

Schutz gegen Nässe

A3 Kläre, zum Beispiel mithilfe des Internets, den Begriff Mikrofaser und beschreibe, wie Wasserdichtigkeit und Atmungsaktivität erreicht werden.

Schutz gegen Kälte

A2 Weshalb wärmen Daunen?

Schutz vor Sonne

A4 Wodurch schützen sich diese Personen gegen die Wärme der Sonne?

1 Schildere, wie sich die Menschen in früherer Zeit vor Wärmeverlust bei niedrigen Temperaturen geschützt haben.

2 Nenne weitere Beispiele, wie du dich vor zu viel Wärme oder Wärmeverlust bei hohen und niedrigen Temperaturen oder vor Nässe schützen kannst.

Wärme transportieren und speichern

2.3 Wärme wird gespeichert

Um einen Gegenstand zu erwärmen, muss ihm Energie zugeführt werden. Der Gegenstand kann diese Energie als Wärme speichern.

Erhitzt du gleiche Mengen verschiedener Stoffe von gleicher Temperatur mit gleich starker Flamme gleich lange, so haben sie hinterher keineswegs die gleiche Temperatur. Wasser braucht viel länger als Sand oder Öl um gleich heiß zu werden. Wasser kann sehr viel Wärme aufnehmen. Es hat eine besonders gute Fähigkeit zur **Wärmespeicherung.** Öl kann bei gleicher Masse nur etwa halb so viel Wärme aufnehmen wie Wasser, Sand nur den fünften Teil. Bei diesen Stoffen ist also die Fähigkeit Wärme zu speichern geringer.

Wasser ist deshalb zur Wärmespeicherung im Haus gut geeignet. Es wird in *Pufferspeichern* eingesetzt. Als Warmwasserspeicher für Küche und Bad sind sie in vielen Häusern vorhanden. Das Wasser wird durch die Heizung oder einen Sonnenkollektor (Bild 4) aufgeheizt. Beim Kollektor läuft es durch ein dunkel eingefärbtes Rohrsystem, das günstig zur Sonne angeordnet ist. Mit einem Pufferspeicher in der Größe eines Kellerraumes ist es sogar möglich, Wärme zur Beheizung eines Niedrigenergiehauses für den gesamten Winter zu speichern.

Ein guter Wärmespeicher ist auch *Schamottestein.* Er wird zum Beispiel beim Kachelofenbau verwendet. Nach Erlöschen des Feuers halten Schamottesteine die Wärme über längere Zeit und geben sie nur langsam ab.

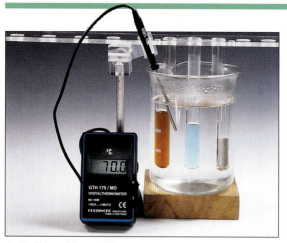

1 Stoffe speichern Wärme.

V1 a) Erhitze wie in Bild 1 gleiche Mengen Sand, Wasser und Öl in je einem Reagenzglas. Benutze ein Wasserbad mit einer Temperatur von 70 °C.
b) Nimm die Reagenzgläser nach 5 Minuten aus dem Wasserbad. Stelle jedes in ein 50 ml-Becherglas mit 30 ml Wasser mit Zimmertemperatur.
Miss nach 5 Minuten die Temperatur des Wassers in den Bechergläsern. Welcher Stoff hat die meiste Wärme abgegeben?
c) Welcher Stoff hat beim Erwärmen die meiste Wärme aufgenommen und gespeichert?

A2 Erkläre, warum eine Katze noch gerne auf der Ofenbank liegt, obwohl das Feuer bereits erloschen ist.

A3 Informiere dich im Lexikon oder im Internet über Schamotte. Nenne Besonderheiten und Einsatzmöglichkeiten von Schamottesteinen.

A4 Mithilfe von Sonnenkollektoren kann Wasser für Küche und Bad erwärmt werden. Pufferspeicher haben die Aufgabe, warmes Wasser auch an sonnenarmen Tagen zur Verfügung zu stellen. Erkläre mit V 1, wieso Wasser gut geeignet ist, die Wärme zu speichern.

A5 Warum werden Wärmflaschen mit Wasser gefüllt? Nenne mehrere Gründe.

2 Kachelofen

Verschiedene Stoffe speichern unterschiedlich viel Wärme. Wasser ist ein sehr guter Wärmespeicher. Öl und Sand sind schlechte Wärmespeicher.

1 Am See ist tagsüber der Sand heiß, das Wasser angenehm kühl. Nachts ist der Sand kühl, das Wasser aber noch warm. Erkläre.

3 Wärmflasche

4 Sonnenkollektor

Wärme transportieren und speichern

2.4 Energie wird verzögert abgegeben

In einer **Isolierkanne** bleibt heißer Tee über viele Stunden warm. Andererseits kannst du darin Eistee im Sommer über lange Zeit kühl halten. Warum wird Wärme vom Tee nicht schnell abgegeben oder aufgenommen?

Das liegt am Aufbau der Isolierkanne (Bild 1). Sie besteht aus einem doppelwandigen Glasgefäß. Der Hohlraum dazwischen ist luftleer gepumpt. Die Glaswände sind innen verspiegelt. Weil dieses Doppelgefäß aus Glas sehr empfindlich ist, hat es außen eine *Schutzhülle*. Sie ist aus Kunststoff oder Metall. Zwischen dem doppelwandigen Glasgefäß und der Schutzhülle liegen einige *Styropor®-Stücke*. Sie sorgen dafür, dass sich Glasgefäß und Umhüllung nicht berühren. Unten ist ein Ring aus Plastik, damit das Glasgefäß sicher steht.

Die Wärme wandert

Heißer Tee wird in die Isolierkanne eingefüllt. Die Wärme wird dann *verzögert* abgegeben. Deshalb wird der Tee erst nach längerer Zeit kalt. Welche Vorgänge spielen dabei eine Rolle?
Das innere Glasgefäß wird vom Tee erwärmt. Die Wärme wandert durch die Glaswand hindurch in den Hohlraum des doppelwandigen Gefäßes. Sie wird durch *Wärmeleitung* weitergegeben. Weil Glas aber ein schlechter Wärmeleiter ist, wandert die Wärme nur sehr langsam durch die Glaswand. Im Hohlraum, auf den sie jetzt trifft, ist keine Luft enthalten. Damit ist die Wärmeleitung gestoppt. Die Wärme wird aber nun durch *Wärmestrahlung* von der ersten Glaswand zur zweiten weitergegeben. Dazu ist kein Stoff nötig. Jetzt könnte die zweite Glaswand erwärmt werden.

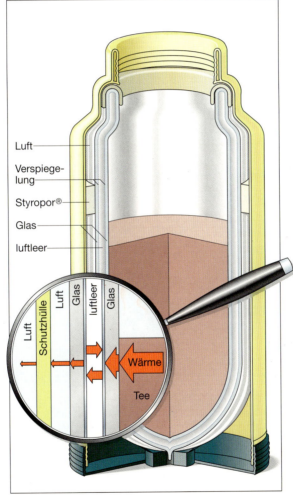

1 Aufbau einer Isolierkanne

Im Hohlraum sind aber die beiden Glaswände verspiegelt. Durch die Verspiegelung wird die Wärme deshalb wie Licht von der einen zur anderen Wand hin und her geworfen.

Die zweite Wand wird aber trotzdem erwärmt, weil auch beim Reflektieren ein Teil der Wärme in die Glaswand eindringt. Dieser Teil wandert durch Wärmeleitung nach außen. Hier ist nun Luft zwischen dem Glasgefäß und der Schutzhülle. Luft ist zwar ein schlechter Wärmeleiter, wenn sie aber erwärmt wird, bewegt sie sich. So kann sie Wärme von der zweiten Glaswand an die äußere Hülle durch *Wärmemitführung* weitergeben. Diese Schutzhülle schließlich leitet die Wärme an die Luft der Umgebung.
Der Verschluss der Kanne oben und der Plastikring unten behindern ebenfalls die Wärmeleitung, weil die Materialien schlechte Wärmeleiter sind.

Du hast gesehen: In einer Isolierkanne können die drei Arten der Wärmeweitergabe nicht völlig verhindert werden. Deshalb wird heißer Tee auch in einer Isolierkanne nach längerer Zeit kalt.

> Aus einer Isolierkanne wird Wärme durch Wärmeleitung, Wärmemitführung und Wärmestrahlung verzögert nach außen abgegeben.

1 Früher wurden heiße Kartoffeln in einer Kiste mit Stroh über längere Zeit warm gehalten. Beschreibe die verzögerte Wärmeabgabe von innen nach außen.

2 a) In einer Isolierkanne bleibt kalter Tee an einem heißen Tag lange kalt. Beschreibe den Weg der Wärme von außen nach innen. Schreibe auf, was dabei geschieht.
b) Wie warm kann der Tee schließlich werden?

Wärme transportieren und speichern

Streifzug durch die Küche — Kochen, Braten, Backen, Kühlen

1 Wärme wird gut geleitet.

Wärme kann weitergeleitet werden

Zum Kochen und Erwärmen von Speisen stellst du sie mit einem Topf auf einen Gas- oder Elektroherd. Beim Gasherd erhältst du die Wärme durch das Verbrennen von Gas. Ceranfelder werden elektrisch geheizt. Die Wärme muss immer von der Herdplatte oder von den Heizfeldern über den Topfboden ins Innere zur Speise gelangen. Topfboden und Herdplatte sollten deshalb auf der ganzen Fläche guten Kontakt haben. Nur dann kann Wärme durch **Wärmeleitung** gut übertragen werden. Der Boden des Topfes sollte keinesfalls kleiner sein als das Kochfeld, auf dem er steht. Sonst würde warme Luft neben dem Topf aufsteigen und du würdest viel Energie verschwenden.

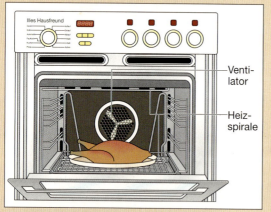

2 Wärme wird mitgeführt.

Wärme wird abgestrahlt oder mitgeführt

In einem *Elektro-Backofen* wird die Wärme elektrisch in Heizspiralen erzeugt. Sie geben Wärme durch Wärmeleitung an die Luft im Ofen ab, die sie umgibt. Sie erwärmen die Speisen aber auch direkt ohne sie zu berühren. Die Wärme wird hierbei durch **Wärmestrahlung** übertragen.

Bei einem Umluft-Backofen wird ein Ventilator eingeschaltet. Er wirbelt die heiße Luft im Inneren des Ofens herum. Die Luft nimmt die aufgenommene Wärme in den gesamten Ofenraum mit und gibt sie an den Braten oder Kuchen ab. Hierbei wird die Wärme durch **Wärmemitführung** übertragen.

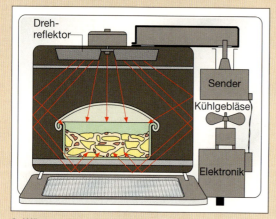

3 Wärme wird mit Strahlen erzeugt.

Das Mikrowellen-Gerät

Speisen auftauen und erwärmen kannst du sehr schnell mit dem *Mikrowellen-Gerät*. Im Inneren sitzt ein elektrischer Sender, der elektrische Energie in Mikrowellen umwandelt. Diese werden ins Innere des Gerätes **abgestrahlt.** Mikrowellen haben die besondere Eigenschaft, das Wasser in den Speisen zu erwärmen. Dadurch werden die Speisen heiß.
Ein Gerät ähnlich wie ein Ventilator und die Metallwände im Inneren des Gerätes werfen die Strahlen zurück, sodass sie von allen Seiten in die Speise gelangen. Die Metallwände und Drähte in der Tür schirmen das Gerät ab. Dadurch können Mikrowellen nicht nach außen gelangen.

Wärme transportieren und speichern

Hier soll Wärme nicht geleitet werden

Töpfe, Pfannen, Bräter – alles wird durch Wärmeübertragung beim Kochen, Braten und Backen heiß. Wie kannst du dann einen Topf vom Herd oder aus dem Ofen nehmen, ohne dich zu verbrennen?
An vielen Töpfen und Pfannen sind *Holz- oder Plastikgriffe.* Holz und Plastik sind Stoffe, die die Wärme nicht so gut leiten wie Metall. Es sind schlechte Wärmeleiter. Diese Stoffe eignen sich also gut zur **Wärmeisolierung.**
Du kannst zum Anfassen der heißen Griffe auch *Topflappen* nehmen. Sie sind meistens aus Stoff. Auch das ist eine Möglichkeit Wärmeleitung vom Topf zu deiner Hand zu verhindern.

4 Plastikgriffe verhindern Wärmeleitung.

Warmes soll warm bleiben

Wie hältst du Getränke oder gekochte Eier warm?
Tee kannst du in eine Warmhaltekanne gießen. Du kannst ihn auch in einem Gefäß warm halten, das du auf eine elektrisch geheizte Warmhalteplatte stellst.
Um Eier warm zu halten, benutzt du am besten einen *Eierwärmer.* Dieser besteht aus Wolle. Dieses Material ist ein schlechter Wärmeleiter. Außerdem ist darin Luft eingeschlossen. Auch Luft ist ein schlechter Wärmeleiter. Das Verhindern der Wärmeabgabe durch ein solches Material heißt **Wärmedämmung.**

5 So bleiben Eier lange warm.

Warmes soll kalt werden

Ob Sommer oder Winter – für viele Lebensmittel brauchst du **Kühlung.** Heiße Suppe kannst du vor dem Essen eine Zeit lang stehen lassen. Sie gibt Wärme an die Luft ab und kühlt aus. In Fischgeschäften siehst du oft eine ganze Theke voller Eisstückchen. Das Eis sorgt dafür, dass der Fisch darin kälter bleibt als die Luft im Verkaufsraum. Wenn du im Sommer kalte Limonade trinken möchtest, wirfst du Eisstücke in das Glas. Das Eis nimmt Wärme auf, weil es kälter ist als das Getränk, das gekühlt werden soll. Wärme geht dabei immer vom Wärmeren zum Kälteren über.
Um Lebensmittel durch Kühlung länger frisch zu halten, kannst du sie in einen *Kühlschrank* oder in die *Kühltruhe* packen. In diesen Geräten wird mithilfe von Elektrizität eine Kühlflüssigkeit durch eine geschlossene Rohrleitung gepumpt. Die Rohre liegen im Inneren des Kühlraumes und werden auch nach außen geführt. Die Kühlflüssigkeit nimmt im Inneren des Kühlgerätes Wärme vom Kühlgut auf. Die Lebensmittel werden kalt. Die Kühlflüssigkeit wird dann nach außen gepumpt und gibt die Wärme an die Luft wieder ab. Das kannst du fühlen, wenn du die Rohre hinten am Kühlschrank anfasst.
Kühlen bedeutet, einem Körper Wärme zu entziehen, sodass er eine niedrigere Temperatur hat als vorher. Wenn du sagst, „Mir ist kalt.", könntest du auch sagen, „Ich habe zu wenig Wärme."

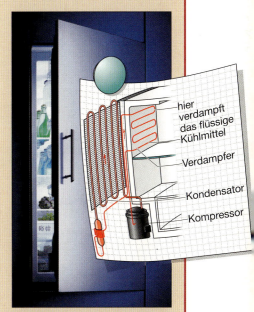
6 Wärme wandert beim Kühlschrank vom Kalten ins Warme.

Wärmedämmung

Projekt

Eine gute Wärmedämmung soll verhindern, dass ein Körper Wärme abgibt und dadurch abkühlt. Eine gute Wärmedämmung kann aber auch verhindern, dass ein Körper Wärme aufnimmt und dadurch wärmer wird.

Wärmedämmung soll also einen unerwünschten Wärmeübergang verzögern. Einige Möglichkeiten der Wärmedämmung werdet ihr in diesem Projekt kennen lernen.

1 Diese Stoffe stehen als Dämmmaterial zur Auswahl.

Gruppe 1: Kaltes soll kalt bleiben

Ein Kühlschrank muss gut wärmegedämmt sein. Findet heraus, welche Stoffe sich zur Wärmedämmung beim Kühlschrank eignen.
Stellt 250 ml-Bechergläser in je ein 1000 ml-Becherglas. Füllt den Raum zwischen den Seitenwänden und Böden mit einem Stoff aus dem Angebot von Bild 1 aus. Gebt dann in jedes 250 ml-Glas 3 Eiswürfel und deckt die Gläser mit einem Uhrglas ab. In welchem Becherglas schmelzen die Eiswürfel zuerst, in welchem zuletzt? Schreibt die Reihenfolge auf. Welche Stoffe eignen sich also gut zur Wärmedämmung beim Kühlschrank?

Gruppe 2: Warmes soll warm bleiben

Wenn ein Backofen gut wärmegedämmt ist, muss er nicht so oft nachheizen. Welche Stoffe eignen sich zur Wärmedämmung beim Backofen?
Stellt 250 ml-Bechergläser in je ein 1000 ml-Becherglas. Füllt den Raum zwischen den Seitenwänden und Böden mit einem Stoff aus dem Angebot von Bild 1 aus. Gebt dann in jedes 250 ml-Glas 200 ml Wasser von 60 °C und deckt die Gläser mit einem Uhrglas ab. Messt nach je 4 Minuten die Wassertemperaturen in den Gläsern und tragt die Werte in die Tabelle ein. Welche Stoffe würdet ihr für die Wärmedämmung beim Backofen nehmen?

2 Wärme ist unerwünscht.

Dämm-stoff	Temperatur in °C nach				
	4 min	8 min	12 min	16 min	20 min
1					
2					
3					
4					
5					
6					
7					
8					

3 Wärme wird unterschiedlich abgegeben.

Wärme transportieren und speichern

Gruppe 3: Schutz vor Wärme und Kälte

Das Schiff der Familie Freitag ist durch einen kräftigen Sturm auf ein Felsenriff getrieben worden und liegt halb versunken vor dem Strand einer unbewohnten Insel. Die Eltern haben sich mit ihren Kindern auf die kleine Insel retten können. Hier finden sie Trinkwasser und Nahrung. Die Tage sind heiß, nachts wird es aber empfindlich kalt. Familie Freitag überlegt, wie sie sich am Tage vor der Hitze und nachts vor der Kälte schützen kann. Die Kinder haben da eine Idee: An Bord des Schiffes…, Hütte…!
Ihr ahnt bestimmt schon, was den Kindern eingefallen ist. Wie würdet ihr auf der Insel eine Hütte bauen? Die Hütte soll tagsüber Wärme abhalten, nachts aber ein Auskühlen verhindern. Was würdet ihr zum Bau einer brauchbaren Hütte vom Schiff holen?
Baut nach euren Ideen Hüttenmodelle aus verschiedenen Stoffen.

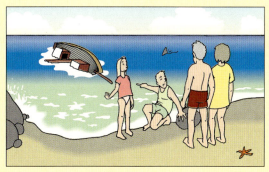
4 Robinsons Nachfolger

Als Sonnenersatz könnt ihr eine 60 W-Glühlampe verwenden. Überprüft durch Temperaturmessungen, welche Stoffe sich hier zur Wärmedämmung eignen. Vielleicht findet ihr auch Material, das tagsüber Wärme speichert und nachts wieder abgibt.

Gruppe 4: Wärmedämmung in der Natur

Igel, Drossel und viele andere Tiere müssen im Winter auch bei sehr niedrigen Temperaturen ihre Körpertemperatur auf einem bestimmten Wert halten. Wie gelingt ihnen das?

a) Gebt in ein großes Becherglas Eiswasser. Füllt ein großes Reagenzglas mit Wasser, ein zweites mit der gleichen Menge weichem Kokosfett. Steckt in beide Reagenzgläser ein Thermometer und stellt sie in das Becherglas mit Eiswasser.
Messt nach 8 Minuten die Temperatur des Eiswassers, des Fetts und des Wassers in den Reagenzgläsern. Erklärt die Messergebnisse.

Wie schützt sich also der Igel vor Wärmeverlust?

Welche anderen Tiere schützen sich im Winter ähnlich?

b) Füllt zwei 250 ml-Erlenmeyerkolben mit 40 °C warmem Wasser. Verschließt die Kolben mit je einem Gummistopfen, in dem ein Thermometer steckt. Lasst einen Kolben im Raum stehen. Stellt den zweiten Kolben in eine mit Daunen gefüllte Frischhaltetüte und bindet sie am Kolbenhals zu. Lest nun nach jeweils 5 Minuten die Temperaturen ab und vergleicht. Erklärt die Ergebnisse.

Wie schützt sich also die Drossel vor Wärmeverlust?

Schlagt im Biologiebuch nach, wie sich andere Tiere im Winter schützen.

5 Der Igeltrick

6 Der Drosseltrick

Auf einen Blick — Wärme transportieren und speichern

1. Energielecks sind Stellen an der Außenwand des Hauses, durch die viel Wärme von innen nach außen geht.

2. Mithilfe von Spezialkameras lassen sich die Energielecks an einem Haus sichtbar machen.

3. Wärme ist eine Form von Energie.

4. Stoffe wie Holz, Kohle, Erdgas oder Heizöl sind Energieträger.

5. Bei der Verbrennung der Energieträger entsteht aus der in ihnen gespeicherten chemischen Energie Wärme. Dieser Vorgang ist eine Energieumwandlung.

6. Eine Zentralheizung besteht aus Heizkessel, Rohrsystemen, Pumpen, Heizkörpern und Geräten zur Regelung.

7. Im Heizkessel wird ein Energieträger verbrannt.

8. Im Heizkessel erhitztes Wasser strömt in einem Rohrsystem durch den Wasservorrat des Speichers und erwärmt das Wasser. Dieses Wasser kann in Küche und Bad entnommen werden.

9. Zur Regelung der Geräte für die Pumpen und für die Zündung des Brennstoffs brauchen Zentralheizungen elektrische Energie.

10. Durch Wärmeleitung geht die Wärme der heißen Flammen im Heizkessel über die Metallrohre auf das Wasser über.

11. Das heiße Wasser transportiert die Wärme vom Heizkessel zu den Heizkörpern. Das ist Wärmemitführung.

12. In unmittelbarer Nähe eines heißen Heizkörpers spürst du die Wärme. Sie kommt durch Wärmestrahlung zu dir.

13. Die Wärmedämmung von Häusern verringert Wärmeverluste. Dadurch werden Energieträger geschont, die Umwelt wird weniger belastet und Geld wird gespart.

14. Dämmstoffe sind schlechte Wärmeleiter. Dies wird vor allem durch eingeschlossene Luft bewirkt. Luft leitet Wärme sehr schlecht.

15. Mit Wärmedämmstoffen wird eine gute Wärmedämmung erreicht.

16. Der menschliche Körper gibt ständig Wärme ab. Durch Verbrennen von Nährstoffen hält er seine Temperatur auf etwa 37 °C. Dies wird durch Kleidung unterstützt.

17. Zu hohe Temperaturen gleicht unser Körper durch Schwitzen aus.

18. Verschiedene Stoffe speichern Wärme unterschiedlich gut. Besonders gut speichert Wasser die Wärme.

19. Wärme lässt sich in Pufferspeichern, die mit Wasser gefüllt sind, lange Zeit speichern.

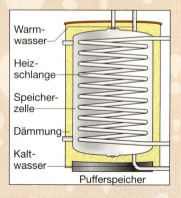

Wärme transportieren und speichern

Prüfe dein Wissen

1 Woran erkennst du bei einer Spezialaufnahme des Hauses die Stellen, an denen Wärme verloren geht?

2 Wie lassen sich Energielecks nachträglich beseitigen?

3 a) Nenne fünf verschiedene Energieträger, aus denen durch Energieumwandlung Wärme erzeugt werden kann.
b) Welche Energieträger wurden früher hauptsächlich eingesetzt?
c) Welche Energieträger werden heute hauptsächlich eingesetzt?

4 Bringe folgende Sätze in die richtige Reihenfolge:
A) Das warme Wasser gibt im Heizkörper Wärme ab und sinkt abgekühlt nach unten.
B) Die heißen Gasflammen erhitzen das Wasser.
C) Das abgekühlte Wasser fließt zum Heizkessel zurück.
D) Das Thermostatventil am Heizkörper öffnet sich und warmes Wasser fließt in den Heizkörper.
E) Die Pumpe befördert das warme Wasser zum Heizkörper.

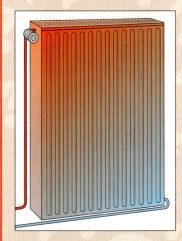

5 Zentralheizungen haben einen elektrischen Anschluss. Wozu wird die Elektrizität benötigt?

6 a) Nenne die verschiedenen Arten der Wärmeausbreitung.
b) Gib jeweils zwei Beispiele für die unterschiedlichen Ausbreitungsarten an.
c) Wie kann ein unerwünschter Wärmeübergang verhindert werden?

7 Warum kühlen Häuser und andere Gebäude im Winter aus, wenn sie nicht mehr beheizt werden?

8 Nenne verschiedene Dämmstoffe.

9 Warum halten Dämmstoffe die Wärme im Haus? Beachte ihren Aufbau.

Styropor®

10 Wie schützen sich Menschen und Tiere bei niedrigen Temperaturen vor Wärmeverlust?

11 Was kannst du bei sehr hohen Temperaturen zu deiner Abkühlung unternehmen?

12 In einem Raum halten sich viele Menschen auf. Warum erwärmt sich die Luft in dem Raum, auch ohne dass die Heizung aufgedreht ist?

13 In einem Wasserkessel wird Wasser zum Sieden gebracht. Verbleibt das Wasser im Kessel, kannst du dir noch nach einiger Zeit die Finger verbrennen. Erkläre.

14 Warum ist Frittierfett im Vergleich zu Wasser nach der gleichen Zeit schon fast kalt, obwohl es bis auf 180°C erhitzt wurde?

15 Heute gibt es Nudel-Tomaten-Auflauf zum Mittagessen. Warum sind die Tomaten bis zum Schluss so heiß, dass du dich daran verbrennen kannst, auch wenn die Nudeln schon abgekühlt sind?

16 Warum saßen die Menschen früher gerne noch lange auf der Ofenbank, auch wenn das Feuer bereits erloschen war?

17 Erkläre den Zweck und die Arbeitsweise eines Sonnenkollektors.

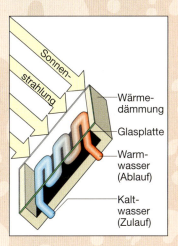

Stoffgemische und Trennverfahren

1 Vom Rohsalz zum Kochsalz

Salz ist in unserer Küche unentbehrlich. Wir brauchen es zum Würzen von Kartoffeln, Nudeln, Reis und vielen anderen Speisen. Kochsalz ist heute für wenig Geld in beliebigen Mengen leicht zu bekommen. Doch bis das reine weiße Salz auf unserem Tisch steht, hat es schon viele Bearbeitungsstufen durchlaufen.

Ein Teil unseres Salzes wird als Steinsalz in Bergwerken gewonnen. Dazu werden riesige Spezialfräsen eingesetzt, die unter Tage das Rohsalz abbauen. Es wird mit Maschinen aus dem Berg heraus transportiert, damit es übertage weiter verarbeitet werden kann. Das größte Salzbergwerk Deutschlands befindet sich bei Borth am Niederrhein.

Kochsalz kann aber auch aus Sole gewonnen werden. Sole ist Wasser, das Salz in gelöster Form enthält. Sie kann auf natürliche Weise entstehen, wenn Quellwasser durch salzhaltige Erdschichten strömt. Sie kann aber auch hergestellt werden, indem Wasser in salzhaltiges Gestein eingespült wird. Aus der Sole lässt sich dann das reine Kochsalz gewinnen.

Stoffgemische und Trennverfahren

1 Steinsalz: Zerkleinern (A); Sieben (B); Lösen und Aufschlämmen (C); Sedimentieren (D)

1.1 Reinigung von Steinsalz

Ein Steinsalzbrocken aus einem Bergwerk enthält immer Verunreinigungen. Untersuchst du ihn genauer, wirst du feststellen, dass Steinsalz ein Gemisch aus Salz und Gestein ist.

Um reines Kochsalz zu erhalten, muss dieses Gemisch getrennt werden. Dazu zerkleinerst du eine Steinsalzprobe. Danach kannst du größere Steine und andere Verschmutzungen durch **Sieben** entfernen.

Gibst du das zerkleinerte Steinsalz in Wasser, **löst** sich das Kochsalz im *Lösungsmittel* Wasser. Es trennt sich von den restlichen groben Verunreinigungen. Dabei entsteht eine schmutzig trübe Flüssigkeit, die *Aufschlämmung* oder **Suspension** heißt.

Lässt du die Suspension eine Weile ruhig stehen, können sich die groben Verunreinigungen nach und nach am Boden des Gefäßes *absetzen*. Dieser Vorgang wird **Sedimentieren** genannt. Der Bodensatz heißt *Sediment*. Die darüber stehende Flüssigkeit ist noch etwas trüb und schmeckt salzig. Durch das Sedimentieren können nur die groben Verunreinigungen vom Salz getrennt werden.

> Steinsalz kann durch Sieben, Lösen, Aufschlämmen und Sedimentieren von groben Verschmutzungen gereinigt werden.

A1 Beschreibe einen Steinsalzbrocken genau.

V2 Zerkleinere einen Steinsalzbrocken mit einem Pistill in einem Mörser. Siebe das Gemisch mit einem grobmaschigen Sieb über einem großen Becherglas. Betrachte den Rest im Sieb und das Gemisch im Becherglas. Berichte.

V3 Gib zu dem zerkleinerten, gesiebten Steinsalz etwas Wasser und rühre mit einem Glasstab um. Beschreibe deine Beobachtung.

A4 Lass das Becherglas
a) einige Minuten,
b) eine halbe Stunde,
c) eine Woche lang
ruhig stehen. Was verändert sich?

1 Nenne Beispiele aus dem Alltag, wo ein Sieb zum Trennen von Gemischen eingesetzt wird.
2 Warum sollen manche Fruchtsäfte vor dem Öffnen der Flasche geschüttelt werden?

2 Steinsalzbrocken

Stoffgemische und Trennverfahren

V1 Stelle aus zerkleinertem Steinsalz und Wasser eine Suspension her und lass sie ruhig stehen. Gieße die über dem Sediment stehende Flüssigkeit in ein zweites Becherglas. Betrachte und beschreibe sie.

V2 Falte eine Filtertüte aus einem Rundfilterpapier nach der Anweisung in Bild 3. Achte darauf, dass das Filterpapier beim Falten nicht beschädigt wird. Befeuchte die fertige Filtertüte mit etwas Wasser, damit sie im Trichter haften bleibt.

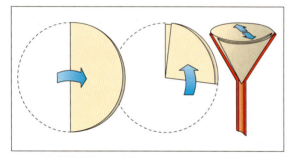

1 Suspension dekantieren

1.2 Dekantieren und Filtrieren

Eine Suspension aus Steinsalz und Wasser trennt sich nach einer bestimmten Zeit in ein Sediment und eine darüber stehende Flüssigkeit. Die Flüssigkeit kann jetzt abgegossen werden. Dieser Vorgang heißt **Dekantieren.**

Bei genauer Betrachtung der Flüssigkeit siehst du, dass sie noch verunreinigt ist. Sie enthält zwar keine großen Schmutzteilchen mehr, sieht aber immer noch trüb aus. Du kannst also durch Dekantieren nur die größeren Teilchen einer Suspension von der Flüssigkeit trennen.

2 Suspension filtrieren

3 So wird ein Filter gefaltet.

V3 Gieße einen jeweils gleich großen Teil der Suspension aus Steinsalz und Wasser
a) durch ein Teesieb,
b) durch eine Kaffeefiltertüte,
c) durch das selbst gefaltete Filter.
Vergleiche die Durchlaufgeschwindigkeiten und das Aussehen der Filtrate.

A4 Zeichne Bild 4 ab und ordne folgende Begriffe zu: Trichter, Filter, Filterporen, Rückstand, Filtrat.

Sehr kleine Teilchen können nur mit einem Filter abgetrennt werden. Dieser Vorgang heißt **Filtrieren.** Die Teilchen, die im Filter zurückbleiben, bilden den **Rückstand.** Die Flüssigkeit, die durch das Filterpapier hindurchgelaufen ist, heißt **Filtrat.**

Das Filterpapier hat Löcher, ebenso wie ein Sieb, nur sind diese sehr viel kleiner. Sie heißen **Filterporen.** Natürlich können die festen Teilchen nur dann zurückgehalten werden, wenn sie größer sind als die Löcher im Filter. Ein gelöster Stoff wie das Salz fließt durch das Filterpapier hindurch.

Filter werden in vielen Bereichen der Technik eingesetzt, etwa zur Trinkwasseraufbereitung oder im Auto als Luft-, Kraftstoff- und Ölfilter.

> Durch Dekantieren lässt sich eine Suspension in das Sediment und die Flüssigkeit trennen. Die noch trübe Flüssigkeit kann durch Filtrieren in den Rückstand und das Filtrat getrennt werden.

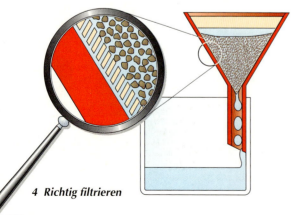

4 Richtig filtrieren

1 Beschreibe den Aufbau und die Wirkungsweise eines Aquarienfilters.

2 Eine Atemmaske ist ein Luftfilter. Sie kann zum Beispiel beim Schleifen von Steinen oder Hartholz gesundheitsschädlichen Staub zurückhalten. Solche Staubteilchen sind unterschiedlich groß. Worauf musst du deshalb beim Kauf einer Atemmaske achten?

Stoffgemische und Trennverfahren

1 **Salzgewinnung:** Eindampfen der Salzlösung (A);

V1 Baue einen Versuch wie in Bild 1 A auf. Stelle eine 10 %ige Salzlösung her. Löse dazu 10 g Kochsalz in 90 ml Wasser. Fülle eine Abdampfschale aus Glas etwa 1 cm hoch mit dieser Salzlösung. Erhitze die Salzlösung mit der klein eingestellten, blauen Brennerflamme. *Vorsicht,* beim Erwärmen kann Salz herausspritzen. Stelle den Brenner ab, bevor das letzte Wasser verdampft ist. Was beobachtest du? Betrachte das Ergebnis und beschreibe.

1.3 Gewinnung von reinem Kochsalz

Aus salzhaltigem Wasser kannst du Salz gewinnen. Dazu wird das salzhaltige Wasser, die Sole, bis zum Sieden erhitzt. Durch die Wärmezufuhr **verdampft** das Wasser der Salzlösung recht schnell. Die Sole wird vollständig eingedampft. Am Ende bleibt eine Schicht aus weißen Salzkristallen zurück.

Salz nach dem Eindampfen der Salzlösung (B); Salzkristalle (C)

So wird auch industriell Salz gewonnen. Dabei werden allerdings größere Gefäße wie Siedepfannen oder geschlossene Siedeöfen benutzt. Darin wird die Sole erhitzt, bis sie vollständig eingedampft ist. Anschließend wird das Salz in handelsüblichen Mengen abgepackt und als **Siedesalz** verkauft.

A2 Betrachte die Salzkristalle mit einer Lupe. Vergleiche die Kristalle mit Speisesalz.
V3 Stelle eine gesättigte Salzlösung her und gib sie in eine Glasschale. Lass sie einige Tage stehen und beobachte. Notiere die Veränderungen und beschreibe das Ergebnis.
A4 Zeichne einen Kochsalzkristall. Nimm als Vorlage einen großen Salzkristall nach dem Verdunsten der Salzlösung.

Salzgewinnung durch Verdunsten

Festes Speisesalz kannst du auch gewinnen, wenn du eine Salzlösung einige Tage in der Sonne oder auf einer Heizung stehen lässt. Durch die Wärme **verdunstet** das Wasser. Du wirst feststellen, dass sich dann am Boden der Glasschale regelmäßig geformte, weiße Kochsalzkristalle gebildet haben.

> Salz lässt sich durch Verdampfen oder Verdunsten des Wassers einer Salzlösung gewinnen.

1 Vergleiche die Gewinnung von Salz durch Eindampfen mit der Salzgewinnung durch Verdunsten. Nenne Vor- und Nachteile beider Verfahren.
2 Im Winter hast du manchmal „Schneeränder" an deinen Schuhen. Erkläre, wie sie entstehen.
3 Woher kommt der Name Kochsalz?

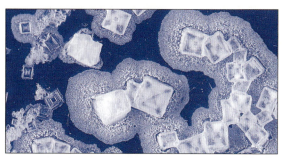

2 *Salzkristalle nach dem Verdunsten der Salzlösung*

Stoffgemische und Trennverfahren

Pinnwand

TRENNVERFAHREN IM ALLTAG

Auslesen

V 1 Sortiere Studentenfutter in seine einzelnen Bestandteile. Wie gehst du vor?

Sieben

V 2 Betrachte Vollkornmehl mit der Lupe. Siebe es und betrachte es danach noch einmal. Was stellst du fest?

Sedimentieren

V 3 Rühre in ein Trinkglas mit Milch drei Teelöffel kakaohaltiges Getränkepulver. Lass das Glas einige Zeit ruhig stehen und beobachte. Trinke ohne noch einmal umzurühren das Glas leer. Betrachte danach den Boden des Glases.

Dekantieren

V 4 Presse eine frische Orange oder Zitrone aus. Du möchtest den Saft möglichst ohne Fruchtfleisch trinken und kein weiteres Küchengerät beschmutzen. Wie gehst du vor?

Filtrieren

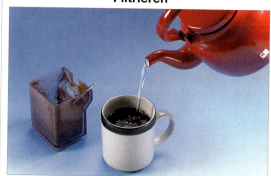

V 5 Der Boden der Kaffeetasse ist mit Kaffeesatz bedeckt. Wie kannst du den Kaffee vom Satz befreien?

1 Beim Trennen von Nudeln oder Klößen vom Kochwasser werden meistens Siebe benutzt. Suche ein anderes Trennverfahren.

2 Ein Maurer siebt den Sand, bevor er den Mörtel anrührt. Erkläre warum.

3 Der Teebeutel in der Teekanne ist zerrissen. Wie bekommst du nun den Tee ohne Teeblätter in deine Tasse?

4 Jana möchte nur rote Gummibärchen auf ihrem Geburtstagskuchen. Welches Trennverfahren wendet sie an?

Stoffgemische und Trennverfahren

Kristalle züchten

Praktikum

Die Kristalle aus der Erde sind in sehr langen Zeiträumen entstanden. Aus *gesättigten Salzlösungen* kannst du schneller schöne Kristalle züchten.

Materialien:
Glasgefäße; Holzstäbe; Wollfaden, mit einem kleinen Metallstück beschwert; Zwirnsfaden; Pappdeckel;
Kochsalz; Alaun (Kaliumaluminiumsulfat), destilliertes Wasser.

V1 Kristalle am Wollfaden

Gieße eine Lösung aus 35 g Kochsalz und 100 ml Wasser in ein Glasgefäß. Befestige den Wollfaden am Holzstab und hänge ihn in das Glas (Bild 1A). Beobachte einige Tage.

V2 So wächst ein Alaun-Kristall

Löse Alaun in destilliertem Wasser von 50 °C (16 g pro 100 ml). Filtriere die Lösung und gieße einen Teil davon in eine flache Schale, den Rest in ein Vorratsgefäß.

1 Kristalle am Wollfaden (A); Alaunkristalle (B)

Beim Abkühlen kristallisieren am Boden der Schale Alaun-Kristalle aus. Binde einen dünnen Faden um den schönsten Kristall.
Gieße nun Alaunlösung in ein Becherglas und hänge den Kristall in die Lösung.

Stelle das Gefäß an einen Platz mit gleichbleibender Temperatur.

Beobachte das Wachsen des Kristalls über einige Wochen. Entferne zwischendurch die kleinen Kristalle, die sich am Faden bilden (Bild 1B). Gieße bei Bedarf Alaunlösung von gleicher Temperatur nach.

Einkristalle aus Silicium

Streifzug durch die Technik

Kristalle werden auch für anspruchsvolle technische Anwendungen gezüchtet, zur Herstellung von Computerchips und Solarzellen.

Der Ausgangsstoff ist reinstes Silicium, das aus Quarzsand gewonnen wurde. Es wird bei 1440 °C geschmolzen. Ein Silicium-Impfkristall wird in die Schmelze getaucht und unter Drehen langsam herausgezogen. Es entsteht ein sehr großer Kristall aus reinstem Silicium.

Aus dem so entstandenen Siliciumstab werden 1 mm dicke Scheiben gesägt, die Wafer.
Aus jeder Siliciumscheibe können über 100 Computerchips hergestellt werden.

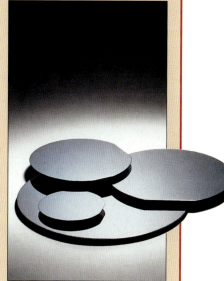

2 Siliciumstab

3 Siliciumscheiben

Stoffgemische und Trennverfahren

1.4 Kochsalz – lebenswichtig oder gesundheitsschädlich?

Unser Körper enthält im Durchschnitt 200 g Kochsalz. Es wird für die Funktionen der Körperzellen und für die Produktion von Magensäure benötigt. Deshalb muss im Körper eine gleich bleibende Salzkonzentration aufrecht erhalten werden, etwa 9 g Kochsalz pro 1 l Flüssigkeit.

Eine Salzlösung mit genau dieser Konzentration wird auch Verletzten bei starkem Blutverlust nach Unfällen oder Operationen zugeführt. Sie heißt *physiologische Kochsalzlösung*.

Drei bis fünf Gramm Kochsalz müssen wir pro Tag aufnehmen, um verbrauchtes Salz zu ersetzen. Das ist ein Teelöffel voll. Dieses Maß ist nach einer großen Portion Pommes frites mit Ketschup schon fast erfüllt. Das meiste Salz, das wir verzehren, kommt nämlich nicht aus dem Salzstreuer. Es ist in vielen industriell hergestellten Lebensmitteln bereits enthalten.

Wegen dieser **versteckten Salze** verbrauchen wir im Durchschnitt mehr als 10 g Kochsalz pro Tag. Das ist zuviel, warnen die Ärzte.

1 Zu viel Salz in der Suppe.

Überschüssiges Salz wird zwar durch die Nieren ausgeschieden, doch auf Dauer ist zu hoher Salzverbrauch gesundheitsschädlich. In späteren Lebensjahren kann das zu gefährlichem Bluthochdruck führen.

Doch nicht nur zu viel, auch zu wenig Salz kann gesundheitsschädlich, sogar lebensgefährlich sein.
Wenn der Körper, etwa bei einer längeren Durchfallerkrankung, viel Flüssigkeit verliert, gehen auch Salze verloren. Diese müssen dann durch salzhaltige Medikamente ersetzt werden.

Wenn du beim Sport ordentlich schwitzt und dabei auch Salz verlierst, brauchst du allerdings nicht gleich teure Spezialgetränke. Ein Gemisch aus Apfelsaft und Mineralwasser gleicht diesen Salzverlust leicht aus.

„Iso-Drinks" enthalten neben Kochsalz noch andere Mineralstoffe und Vitamine. Doch solche Getränke sind eigentlich nur für Spitzensportler bei Dauerleistungen sinnvoll.

> Kochsalz ist ein unentbehrliches Lebensmittel. Zu viel davon in unserer Nahrung kann gesundheitsschädlich sein.

1 Welche Vorteile und welche Nachteile haben industriell hergestellte Lebensmittel?
2 Warum enthält die Infusionslösung, die Verletzten zugeführt wird, 0,9 % Kochsalz?

2 Hier ist viel Salz versteckt!

Lebensmittel 100 g	Kochsalzgehalt
Frischfleisch	0,3 g bis 0,8 g
Mettwurst	2,5 g bis 3,5 g
Roher Schinken	4,0 g bis 6,0 g
Matjes	6,0 g bis 8,0 g
Frischkäse	0,4 g bis 0,6 g
Gouda	2,5 g bis 4,0 g
Brot	1,0 g bis 2,0 g
Salzstangen	2,5 g bis 4,0 g
Chips	2,0 g bis 3,0 g
Pommes frites	1,5 g bis 2,5 g

3 Salzgehalt von Lebensmitteln

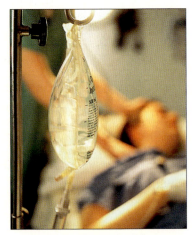

4 Physiologische Kochsalzlösung

Stoffgemische und Trennverfahren

Wer braucht das viele Salz?

Streifzug durch die Technik

1 Salzlagerstätte

In Deutschland werden pro Jahr etwa 12 Millionen Tonnen Salz benötigt. Nur ein sehr kleiner Teil davon wird als **Speisesalz** verbraucht.

Einen größeren Anteil hat das **Gewerbesalz**. Es wird zur Wiederaufbereitung von Wasserenthärtungsanlagen benötigt, zum Beispiel für Geschirrspüler. Auch als Hilfsmittel in der Leder- und Textilindustrie oder als *Auftausalz* wird es verwendet.

Über 80 % des Kochsalzes wird als **Industriesalz** in der chemischen Industrie eingesetzt. Daraus wird beispielsweise *Natronlauge* für die Aluminium- und Seifenherstellung gewonnen, außerdem *Chlor* für die Kunststoffproduktion und *Salzsäure* für viele technische Anwendungen.

Salz, das „weiße Gold"

Streifzug durch die Geschichte

Heute können wir Kochsalz für wenig Geld und in jeder beliebigen Menge kaufen. Doch das war nicht immer so. Im Altertum und noch im Mittelalter war es knapp und kostbar. Denn das Salz wurde nicht nur zum Würzen verwendet. Vor allem zum Haltbarmachen von Fisch und Fleisch und für die Lederverarbeitung wurde es dringend benötigt.

In alten Zeiten siedelten die Menschen deshalb gern dort, wo Salzvorkommen waren, wie in Hallstadt in Österreich. Dort entstand schon vor über 3000 Jahren das erste Salzbergwerk. Salz wurde bald zur wichtigsten Handelsware.
Die Transportwege für das „weiße Gold" wurden zu einem Netz von Handelsstraßen durch Europa, Asien und Afrika. Manche dieser *Salzstraßen* werden bis heute genutzt. Sie dienten nicht nur dem Salzhandel, sondern dem Austausch vieler anderer Waren.

Wer Salz besaß, konnte reich werden. Doch auch am Transport und an den Handelswegen des Salzes ließ sich verdienen. Das wusste vor 850 Jahren auch der Welfenherzog HEINRICH DER LÖWE. Er ließ in der Nähe eines kleinen Dorfes eine Brücke über die Isar bauen und sorgte dafür, dass die Salzstraße Augsburg – Salzburg über diese Brücke führte. So konnte er reichlich Brückenzoll kassieren. Und das kleine Dorf an der Brücke wurde ebenfalls reich. Übrigens, der Name des Dorfes ist München.

2 Altes Salzbergwerk

Stoffgemische und Trennverfahren

Pinnwand

SALZGEWINNUNG

Salz! Salz – soweit das Auge reicht. Wo aber kommt das Salz her? Salzbauern legen am Strand flache Becken an, in die das Meerwasser hineinfließt. Sobald die Becken voll sind, werden sie zum Meer hin verschlossen. Jetzt müssen die Salzbauern nur noch warten. Durch die Wärme der Sonne verdunstet nach und nach das Wasser. Das **Meersalz** bleibt zurück. Es wird vollständig getrocknet, abgepackt und in alle Welt verkauft.

A1 Warum gibt es an der Nordsee keine Salzgewinnung?

Salz kann auch aus unterirdischen Salzlagerstätten gewonnen werden. Mithilfe großer Spezialmaschinen wird das **Steinsalz** aus den in Jahrmillionen entstandenen Lagerstätten abgetragen. Dabei entstehen riesige unterirdische Höhlen. Übertage wird das Steinsalz einer umfangreichen Reinigung unterzogen. Durch Lösen, Filtrieren und Eindampfen wird es gereinigt. Jetzt erst kann das Salz verwendet werden.

A2 Warum muss Steinsalz gereinigt werden?

1 Vergleiche beide Verfahren zur Salzgewinnung. Nenne Vor- und Nachteile.
2 Nenne fünf Städte, deren Ortsnamen auf Salzgewinnung hinweisen.

Stoffgemische und Trennverfahren

Lüneburger Heide

Streifzug durch die Geschichte

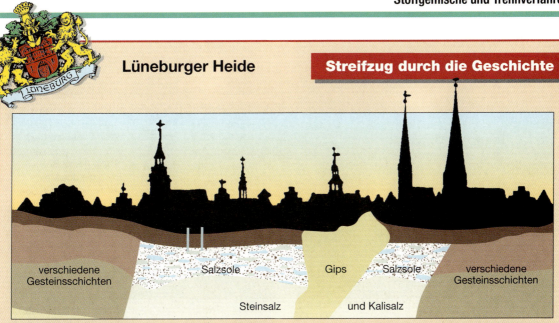

1 Lüneburg

In Lüneburg, einer Stadt am Nordrand der Lüneburger Heide, zeugen das Rathaus und viele Bürgerhäuser vom Reichtum vergangener Zeiten. Diesen Reichtum verdankte Lüneburg dem Salz aus einem Salzstock, der unmittelbar unter der Altstadt liegt. Das Grundwasser löste das Steinsalz heraus. Diese Sole wurde hochgepumpt und in großen, mit Holz beheizten Siedepfannen eingedampft. Salz war früher ein kostbares Gut und sehr teuer.

Die Arbeit an den Siedepfannen war hart. Jeder musste mit anfassen. Der Siedemeister überwachte den Siedeprozess. Frauen und Kinder führten Hilfsarbeiten aus. Sie sorgten für das Feuer, leerten die Siedepfannen und füllten das Salz in Säcke.

Zum Sieden wurde viel Holz benötigt. Das holten sich die Salzsieder aus der Umgebung. So wurde durch den Holzeinschlag im Laufe der Jahrhunderte der Wald vernichtet. Jetzt breitete sich dort die Heide aus. Lange Zeit wurden diese Heideflächen als Schafweiden genutzt. Als die Nachfrage nach Schafwolle zurückging, fingen die Bauern an, die Heide aufzuforsten. Zu Beginn des 20. Jahrhunderts wurden die noch vorhandenen Heideflächen unter Naturschutz gestellt, da diese Landschaft nun erhalten bleiben sollte.

Heute ist die Lüneburger Heide ein Naturparadies und für viele Menschen ein Erholungsgebiet. Zur Zeit der Heideblüte kommen alljährlich Hunderttausende von erholungssuchenden Menschen in die Lüneburger Heide und bewundern die Schönheit dieser Landschaft. Dabei denkt kaum jemand daran, dass die Heide als Folge der Salzgewinnung entstanden ist.

1 Viele Orte, bei denen Salz gefunden wurde, haben oft die Silbe *-salz* im Namen. Suche im Atlas nach solchen Orten.
2 Auf Salzgewinnung deuten auch Ortsnamen mit *-hall* hin. „Hal" bedeutet Salzbergwerk. Suche auch solche Orte.
3 Salz wird heute meistens aus unterirdischen Salzlagern gewonnen. Suche im Atlas solche Lagerstätten.

2 Salz sieden im Mittelalter

Stoffgemische und Trennverfahren

1.5 Destillation – Trinkwasser aus Salzwasser?

Beim Baden im Meer hast du sicher schon einmal Wasser geschluckt. Pfui – ist das salzig! Es schmeckt überhaupt nicht gut. Das Meerwasser ist als Trinkwasser nicht geeignet. Wegen seines hohen Salzgehaltes ist es sogar gesundheitsschädlich, wenn man größere Mengen davon trinkt. Gibt es eine Möglichkeit, aus dem Salzwasser das reine Wasser zu gewinnen?

1 Wasser verdampft.

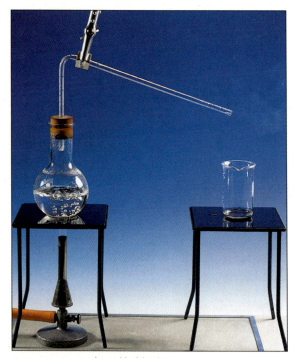

2 Etwas Wasserdampf kühlt ab.

V1 Baue einen Versuch wie in Bild 1 auf. Fülle den Rundkolben ca. 3 cm hoch mit Salzwasser. Gib einen Siedestein hinein. Erhitze vorsichtig bis zum Sieden. Beobachte während des Erhitzens besonders die Vorgänge im Hals des Stehkolbens.
V2 Verschließe den Kolben mit einem Gummistopfen, in dem ein langes, gebogenes Glasrohr steckt (Bild 2). Stelle ein kleines Becherglas unter die Öffnung des Glasrohres. Erhitze erneut und beobachte die Vorgänge im Kolben und im Glasrohr.
V3 Befeuchte Papierhandtücher oder anderes saugfähiges Papier. Umwickle damit das Glasrohr (Bild 3). Erhitze jetzt wieder bis zum Sieden. Beende den Versuch, wenn das Kühlpapier zu dampfen beginnt.
Beobachte, was geschieht, und vergleiche mit V 2.
V4 Schiebe ein Glasrohr als Kühlmantel über das erste Rohr. Schließe den Kühlwasserzufluss und den Abfluss wie in Bild 4 an. Das Kühlwasser fließt von unten nach oben durch das äußere Rohr. Erhitze das Salzwasser dann wieder bis zum Sieden. Vergleiche die Menge des gewonnenen Wassers mit den Mengen aus den vorhergehenden Versuchen.
Beende den Versuch, bevor alles Wasser im Stehkolben verdampft ist.

Du könntest wie in Versuch 1 das Salzwasser in seine Bestandteile Salz und Wasser zerlegen. Dann bliebe zwar nach einiger Zeit das Salz im Stehkolben zurück, doch das Wasser wäre verdampft. Nur im kühleren Hals des Kolbens bilden sich einige Wassertropfen. Hier ist etwas Wasserdampf flüssig geworden, er ist **kondensiert**.

Wird der Wasserdampf durch ein langes Glasrohr geleitet, so kondensiert schon etwas mehr Dampf. Das Glasrohr sorgt für eine etwas bessere Kühlung. In das Becherglas fallen aber nur wenige Tropfen, weil der heiße Dampf das Rohr rasch erwärmt. Das heiße Glasrohr kann den Wasserdampf dann nicht mehr kühlen. Er entweicht in die Luft. Zur Verbesserung der Kühlung werden feuchte Papiertücher um das Glasrohr gewickelt. Im Vergleich zum vorherigen Versuch fallen jetzt mehr Wassertropfen in das Becherglas.

Stoffgemische und Trennverfahren

Doch auch die feuchten Tücher werden bald warm und die Kühlung lässt nach. Schon entweicht wieder mehr Dampf in die Umgebung. Eine größere Menge reinen Wassers lässt sich also auch so noch nicht gewinnen.

Um die Kühlung weiter zu verbessern, müsstest du die Tücher ständig neu befeuchten. Das wäre aber sehr umständlich. Aus dieser Überlegung wurde ein Kühler entwickelt, bei dem durch ein zusätzliches äußeres Rohr ständig Kühlwasser strömt. Diesen Kühler zeigt Bild 4. Das Kühlwasser strömt in entgegengesetzter Richtung zum Wasserdampf. Auf diese Weise trifft das kälteste Kühlwasser mit dem schon teilweise kondensierten und abgekühlten Wasserdampf zusammen. Dieses Verfahren wird *Gegenstromkühlung* genannt. So wird der gesamte Wasserdampf zu reinem Wasser kondensiert.

Das Gerät aus innerem und äußerem Glasrohr heißt **Liebig-Kühler** (Bild 4). Justus von Liebig war ein berühmter Chemiker. Er lebte von 1803–1873.

Wird aus einer Lösung Flüssigkeit verdampft und diese durch Abkühlen, zum Beispiel mit dem Liebig-Kühler, kondensiert, spricht man vom **Destillieren.**
Das Wasser, das bei der Destillation von Salzwasser gewonnen wird, heißt **destilliertes Wasser.** Allgemein wird die verdampfte und wieder zurückgewonnene Flüssigkeit **Destillat** genannt.
Die **Destillation** ist eines der wichtigsten und ältesten Trennverfahren der Chemie.

Neben Salzlösungen lassen sich auch andere Gemische destillieren. Ein solches Gemisch ist zum Beispiel Erdöl. Es wird in riesigen Anlagen, den Erdölraffinerien, destilliert. Dabei werden Benzin, Kerosin, Dieselkraftstoff und Schmieröl gewonnen.

> Mithilfe der Destillation lässt sich aus Salzwasser durch Verdampfen und Kondensieren destilliertes Wasser gewinnen.

1 Nenne weitere Lösungen, die durch Destillation getrennt werden könnten.
2 Überlege wie du nachweisen könntest, dass das destillierte Wasser keinerlei Salz mehr enthält.

3 Die Kühlung wird verbessert.

A5 Warum kann in V 1 kein destilliertes Wasser gewonnen werden?
A6 Erkläre die Verbesserungen in der Kühlung von V 1 bis V 4.
A7 Wie arbeitet ein Gegenstromkühler?
A8 Was passiert mit dem Kühlwasser, während es durch den Kühler strömt?

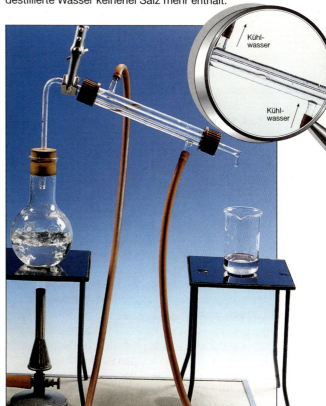

4 Dauerkühlung mit dem Liebig-Kühler

Stoffgemische und Trennverfahren

1 Destillieren von Tinte

1.6 Filtrieren und Destillieren von Tinte

Wasser, das mit blauer Tinte gefärbt ist, lässt sich wieder entfärben. Zuerst hast du die Möglichkeit, es zu **filtrieren.** Doch ein Papierfilter allein genügt dazu nicht, denn die sehr kleinen Farbteilchen der Tinte rutschen durch die Poren im Filter. Du brauchst in diesem Fall zusätzlich einen Stoff, der die Farbteilchen aufnimmt. Das ist die *Aktivkohle.* Sie wird zum Tintenwasser gegeben und durch Schütteln mit ihm vermischt. So bindet sie die Farbteilchen. Erst jetzt kann das Tintenwasser durch Filtrieren über einen Papierfilter von den Farbteilchen getrennt werden. Sie bleiben mit der Aktivkohle als Rückstand im Filter hängen.

Tintenwasser lässt sich auch durch **Destillieren** entfärben. Das Wasser verdampft und kann durch Abkühlen wieder aufgefangen werden. Der Farbstoff bleibt im Reagenzglas zurück.

V1 Gib in ein zur Hälfte mit Wasser gefülltes Reagenzglas einen Tropfen blaue Tinte. Gib zwei Spatelspitzen Aktivkohle hinzu und verschließe das Gefäß mit einem Stopfen. Schüttele kräftig und filtriere. Beschreibe den Vorgang.

V2 Baue einen Versuch wie in Bild 1 auf. Fülle das Reagenzglas 3 cm hoch mit Tintenwasser. Gib einen Siedestein hinein. Erhitze vorsichtig bis zum Sieden. Leite den Wasserdampf in ein Reagenzglas, das in einem Kühlwasserbad steht. Vergleiche das Tintenwasser mit der neu gewonnenen Flüssigkeit.

> Durch Filtrieren unter Zusatz von Aktivkohle oder durch Destillieren lässt sich gefärbtes Wasser wieder entfärben.

1 Informiere dich über den Einsatz der Aktivkohle bei der Reinigung und Aufbereitung von Trinkwasser.

Streifzug durch die Technik — Vom Wein zum Branntwein

Rotwein ist eine Lösung aus Zucker, Farb- und Aromastoffen und ungefähr 12 % Alkohol in Wasser. Beim Erhitzen des Rotweins siedet zuerst der Alkohol. Bläschen steigen auf und der Alkohol verdampft bei 78 °C mit einem Teil des Wassers. Das meiste Wasser bleibt aber noch flüssig. Der aufgestiegene Dampf wird im Innenrohr eines Liebigkühlers abgekühlt. Er kondensiert und die entstandene Flüssigkeit tropft in ein Becherglas. Das Destillat ist eine klare, farblose Flüssigkeit. Sie besteht zu über 50 % aus Alkohol.

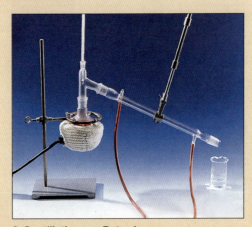

2 Destillation von Rotwein

Die Destillation von Wein wird in der Technik Brennen genannt. Das entstandene Produkt heißt **Branntwein.**

Sollen daraus alkoholische Getränke hergestellt werden, erhebt der Staat dafür eine Branntweinsteuer. Diese Steuer entfällt, wenn der Alkohol nicht zum Trinken verwendet wird. Er wird dann mit übelriechenden und ungenießbaren Stoffen vermischt und heißt vergällter Alkohol. Als **Brennspiritus** findet er vielfältige Verwendung. Er wird als Lösungsmittel zur Entfernung von Flecken oder zum streifenfreien Reinigen von Fensterscheiben benutzt. Beim Umgang mit Brennspiritus ist Vorsicht geboten, denn er ist leicht entzündlich.

Stoffgemische und Trennverfahren

DESTILLATION — Pinnwand

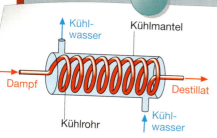

Bei diesem Kühler läuft das Innenrohr schraubenförmig hindurch.

A1 Welchen Vorteil hat die Schraubenform?

Erdöl ist ein Gemisch aus vielen verschiedenen Flüssigkeiten. Es wird in einem Röhrenofen erhitzt und verdampft. Der Dampf wird in den Destillationsturm geleitet. Dort kondensiert er bei verschiedenen Temperaturen in unterschiedlichen Höhen. So werden Benzin, Diesel, Heizöl und Schmierstoffe, aber auch Teer und Asphalt für den Straßenbau aus Erdöl gewonnen.

Wird Traubensaft vergoren, entsteht Wein. Er enthält geringe Mengen Alkohol. Um Getränke mit einem hohen Alkoholgehalt herzustellen, wird der Wein destilliert. Bei 78 °C verdampft hauptsächlich Alkohol. Er kondensiert zu einer stark alkoholhaltigen Flüssigkeit. Die restliche Flüssigkeit im Destillierkolben enthält kaum noch Alkohol. In der Technik heißt diese Destillation **Brennen**.

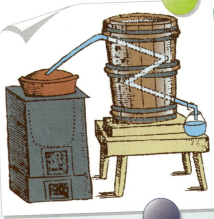

A2 Hier siehst du eine Destillationsapparatur aus dem Jahre 1555. Vergleiche den Kühler dieser Apparatur mit dem Liebig-Kühler.

Eine Autobatterie darf nur mit destilliertem Wasser nachgefüllt werden. Leitungswasser würde sie auf Dauer zerstören, weil es Mineralstoffe enthält.

1 Destilliertes Wasser ist als Trinkwasser nicht geeignet. Nenne Gründe dafür.
2 Warum muss in manchen Geräten und Anlagen destilliertes Wasser verwendet werden?
3 Informiere dich über die Wirkungen und Gefahren von Alkohol.

Stoffgemische und Trennverfahren

2 Trennverfahren für schwierige Fälle

2.1 Die Papierchromatographie

Schwarze Stifte schreiben unterschiedlich. Durch ein Trennverfahren, die **Papierchromatographie,** kannst du herausfinden, woran das liegt.

Dabei wird ein Farbfleck auf Filterpapier mithilfe einer Flüssigkeit in seine Bestandteile getrennt. Du erkennst danach deutlich, dass sich der schwarze Farbstoff aus verschiedenen anderen Farbstoffen zusammensetzt.

Die Trennung beruht darauf, dass sich einige Farbstoffe gut in Wasser lösen. Sie wandern mit dem Wasser als *Fließmittel* schnell und weit. Andere Farbstoffe haften besser am Papier und sind deshalb langsamer. Das so entstandene Bild heißt **Chromatogramm**.

> Bei der Papierchromatographie werden Farbstoffgemische mithilfe eines Fließmittels getrennt.

V1 a) Male mit einem schwarzen wasserlöslichen Filzstift einen dicken Punkt in die Mitte eines runden Filterpapiers. Teile ein weiteres Filterpapier in vier Teile. Drehe aus einem der Viertel einen Docht und stecke ihn durch die Mitte des schwarzen Punktes. Lege dann den Rundfilter auf den Rand einer halb mit Wasser gefüllten Petrischale. Achte darauf, dass nur der Docht ins Wasser taucht. Beobachte, was geschieht.
Beende den Versuch, wenn das Wasser kurz vor dem Rand des Rundfilters angekommen ist.
b) Vergleiche deinen Rundfilter mit anderen. Was stellst du fest?
V2 Wiederhole V 1 mit anderen Farbstiften.
V3 Wiederhole V 1 mit schwarzer und blauer Tinte. Was stellst du fest?
A4 Vergleiche die Chromatogramme verschiedener Filzstiftfarben. Welche Farben sind Reinstoffe?

1 Chromatogramm einer schwarzen Farbe

1 Mit welcher Art von Farbstiften lassen sich Chromatogramme mit dem Fließmittel Wasser herstellen?
2 Wie lässt sich ein Chromatogramm von den Farben eines „Permanent"-Filzstiftes herstellen?

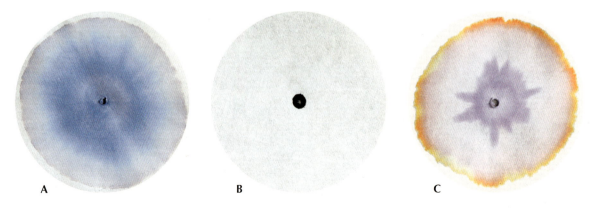

2 Weitere Chromatogramme: Tinte (A); schwarze Farbe „permanent" (B); braune Farbe (C)

Stoffgemische und Trennverfahren

Chromatographie von Lebensmittelfarben

Praktikum

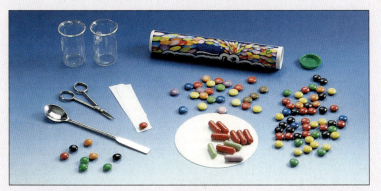

1 Das Material

1. Vorbereitung

Besorge folgende Lebensmittel, die mit einer gefärbten Zuckerglasur überzogen sind:
– Schokolinsen,
– Erdnüsse,
– Lakritze.

Sortiere die Süßigkeiten nach Farben.

2. Ablösen des Farbstoffes

Gib in ein kleines Glasgefäß vier Schokolinsen gleicher Farbe. Füge nur so viel Wasser hinzu, dass sie gerade bedeckt sind.
Bewege das Glas leicht hin und her, damit der Farbstoff mithilfe des Wassers ausgewaschen wird. Nimm die Schokolinsen mit einem Löffel sofort aus dem Gefäß, wenn eine weiße Schicht erkennbar ist.

3. Chromatogramm anfertigen

Hänge dann einen etwa 2 cm breiten und 10 cm langen Filterpapierstreifen so in das Glasgefäß hinein, dass nur die Spitze des Papiers in die Flüssigkeit taucht. Beobachte.
Nimm den Streifen wieder heraus, wenn er fast bis zum Rand mit Flüssigkeit vollgesogen ist. Wiederhole den Vorgang mit anderen Farbstoffen.

2 Herstellung der Farblösung

3 Herstellung des Chromatogramms

4. Vergleich verschiedener Chromatogramme

Betrachte die Filterpapierstreifen mit den Chromatogrammen der verschiedenen Lebensmittelfarbstoffe. Vergleiche sie.
Suche auf den Verpackungen die Angaben der Inhaltsstoffe. Zähle die Anzahl der Farbstoffe (E-Nummern), die angegeben sind. Vergleiche sie mit der Anzahl der Farben, die du gefunden hast.

E-Nummern für Lebensmittelfarben:
E 104 Chinolingelb
E 110 Gelborange S
E 120 Echtes Karmin
E 122 Azorubin
E 133 Brillantblau FCF
E 124 Cochenillerot A

Stoffgemische und Trennverfahren

Streifzug durch die Kriminaltechnik
Dem Fälscher auf der Spur

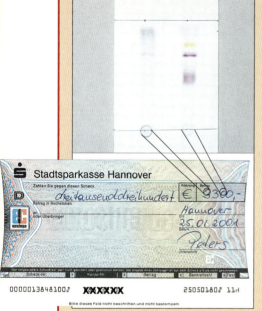

1 Kieselgel-Chromatogramm

Immer wieder melden sich Personen bei der Polizei, die auf einen Scheckbetrüger hereingefallen sind. So erging es auch Herrn Peters, der einen Scheck über 300 € ausschrieb. Eine Woche später aber sind 3300 € von seinem Konto abgebucht worden.

Die Polizei vermutet, dass der Scheck nachträglich verändert wurde. Doch mit Lupe und Mikroskop lässt sich keine Veränderung feststellen. So kommt der Scheck in ein Speziallabor der Kriminaltechnik. Dort werden verschiedene Proben der Schrift ausgestanzt und aufbereitet. Die kleinen Papierstückchen kommen auf eine Glasplatte, die mit einer dünnen Kieselgelschicht überzogen ist.

Diese Kieselgelplatte wird dann in ein Gemisch aus verschiedenen Fließmitteln eingetaucht. Die Fließmittel wandern nun die Glasplatte hinauf wie das Wasser im Filterpapier. Sie nehmen die Farbstoffe der Proben mit. Tinten oder Kugelschreiberflüssigkeiten unterscheiden sich in der Zusammensetzung der Farbstoffe. Da diese Farbstoffe mit unterschiedlicher Geschwindigkeit wandern, entstehen verschiedene **Chromatogramme.** Daraus lässt sich erkennen, dass die erste Drei des Schecks mit einem anderen Stift ergänzt wurde.

Fälschungen von Zeugnissen und anderen Urkunden können auf die gleiche Weise nachgewiesen werden.

Streifzug durch die Technik
Wie Kochgeruch verschwindet

In vielen Küchen sind über dem Herd Umlufthauben eingebaut. Sie haben die Aufgabe, den Kochdunst zu reinigen. Der Kochdunst enthält Fett und Geruchsstoffe, die von der Umlufthaube angesaugt werden.
In einem Fettfilter bleiben zuerst die Fetttröpfchen hängen. Die Luft strömt danach weiter durch einen Filter mit sehr vielen kleinen Kohlekörnchen, der **Aktivkohle.** Jedes dieser Kohlekörnchen hat viele Hohlräume. Sie bilden eine große Oberfläche. Du musst dir vorstellen, dass die Oberfläche von 5 g Aktivkohle so groß ist wie ein Fußballfeld! Die Luft, die von der Umlufthaube angesaugt wird, strömt durch diese unglaublich vielen Hohlräume der Aktivkohle. Die Geruchsstoffe bleiben an der Oberfläche der Aktivkohle hängen. Sie werden **adsorbiert.**

Die Luft ist jetzt gereinigt und wird wieder in die Küche geleitet.

2 Aktivkohle reinigt den Kochdunst.

350fach vergrößert

Stoffgemische und Trennverfahren

1 Herstellen einer Blattgrünlösung

2.2 Das Extrahieren – ein besonderes Trennverfahren

Im Herbst verfärbt sich das Laub. Langsam verlieren die Blätter ihre grüne Farbe. Sie werden gelb und rot und schließlich braun, bevor sie abfallen. Welche Vorgänge spielen sich dabei in einem Blatt ab?
Um diese Frage beantworten zu können, musst du wissen, dass in jeder Zelle eines Blattes viele kleine Blattgrünkörner (Chloroplasten) sind. Diese Körner enthalten den grünen Blattfarbstoff, das *Chlorophyll*.
Mithilfe von Spiritus kannst du aus dem Blatt den grünen Farbstoff herauslösen. Dazu werden frische Blätter zerrieben und mit Spiritus übergossen. Dieser Vorgang heißt **Extraktion.** Der Spiritus ist das **Extraktionsmittel.** Er trennt die löslichen Blattfarbstoffe von den anderen Bestandteilen des Blattes. Du bekommst eine Blattgrünlösung.

Im Herbst baut der Laubbaum die grünen Blattfarbstoffe ab. Er zersetzt sie und speichert die dabei entstandenen Stoffe in den Ästen und im Stamm. Die Blätter verfärben sich gelb. Diese gelben Blattfarbstoffe sind auch im Sommer vorhanden. Sie werden aber von dem grünen Farbstoff überdeckt. Das kannst du nachweisen, wenn du zu der Blattgrünlösung etwas Benzin gibst und schüttelst. Das Benzin färbt sich grün, da sich nur der grüne Blattfarbstoff im Benzin löst. Im Spiritus bleiben die gelben Blattfarbstoffe zurück.

Fleckentfernung

Ein Grasfleck auf der Hose kann durch Waschen nicht immer vollständig entfernt werden. Doch mithilfe der Lösungsmittel Waschbenzin oder Spiritus kann so ein Fleck beseitigt werden. Auch in chemischen Reinigungen werden Flecken mit speziellen Lösungsmitteln *extrahiert*.

> Bei der Extraktion werden mithilfe eines Extraktionsmittels Bestandteile aus einem Stoff herausgelöst.

V1 a) Zerschneide mit einer Schere einige frische grüne Laubblätter. Gib sie mit etwas Sand in einen Mörser und zerreibe sie kräftig mit einem Pistill. Übergieße das Blättermus mit 50 ml Spiritus und reibe nochmals eine Minute. Dekantiere die Lösung und filtriere sie in einen Erlenmeyerkolben.
b) Lass das Filterpapier trocknen. Betrachte es. Was kannst du erkennen?
c) Fülle ein Reagenzglas 1 cm hoch mit der Blattgrünlösung aus a). Gib wenige Tropfen Wasser und 6 ml Benzin dazu. Schüttle kräftig. Lass das Gemisch kurze Zeit ruhig stehen. Beschreibe das Ergebnis.

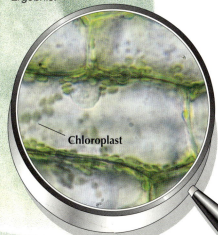

2 Blattzellen der Wasserpest

1 Womit lässt sich ein Fettfleck entfernen? Beschreibe den Vorgang.

Auf einen Blick: Stoffgemische und Trennverfahren

1. Rohsalz ist ein Stoffgemisch aus Salz und Gestein.

2. Suspensionen sind Gemische aus Flüssigkeiten und festen Stoffen. Sie lassen sich durch verschiedene Verfahren trennen.

3. Beim Sedimentieren setzen sich schwere Teilchen auf dem Boden als Sediment ab.

4. Beim Dekantieren wird die über dem Sediment stehende Flüssigkeit abgegossen. Das Sediment bleibt im Gefäß zurück.

5. Beim Sieben werden größere Teile von kleineren getrennt.

6. Beim Filtrieren werden mit einem Filter die festen Teilchen aus einer Suspension zurückgehalten.

7. Salzwasser ist eine Lösung. Lösungen bestehen aus einem Lösungsmittel und einem darin gelösten Stoff.

8. Durch Verdampfen oder Verdunsten von Wasser aus einer Salzlösung lässt sich Salz gewinnen.

9. Kochsalz ist als Bestandteil der Nahrung für den Menschen lebensnotwendig. Zu viel oder zu wenig Kochsalz kann gesundheitsschädlich sein.

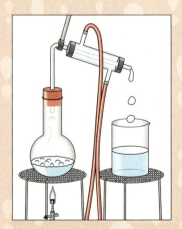

10. Durch Destillieren werden aus einer Salzlösung Wasser und Salz gewonnen.

11. Mit der Papierchromatographie lassen sich kleinste Mengen von Farbstoffgemischen trennen.

12. Durch Extrahieren werden aus einem Stoffgemisch Farb- und Aromastoffe herausgelöst.

Stoffgemische und Trennverfahren

Prüfe dein Wissen

1 Welche verschiedenen Möglichkeiten gibt es, Kochsalz zu gewinnen?

2 Nenne Beispiele aus dem Haushalt, wo ein Sieb eingesetzt wird.

3 Welche der Stoffgemische sind Suspensionen und welche Lösungen: Zitronenlimonade, Essigreiniger, Beton, Teichwasser, kakaohaltiges Getränk, Parfüm?

4 Ordne den Tätigkeiten die richtigen Fachbegriffe zu:
A: vorsichtig abgießen
B: absetzen lassen.

5 Warum wird eine Suppe vor dem Austeilen umgerührt?

6 Du bist in eine Pfütze getreten. Das Wasser ist nun trüb, wird aber bald wieder klar. Schreibe in der richtigen Reihenfolge alle Vorgänge auf, die hier eine Rolle gespielt haben. Verwende dabei die Fachbegriffe.

7 Erkläre, wie der Begriff „Sedimentgestein" entstanden ist.

8 Warum kannst du eine Salzlösung durch Filtrieren nicht in Salz und Wasser trennen?

9 Im Auto sind mehrere Filter eingebaut. Nenne sie und beschreibe ihre Aufgabe.

10 Vergleiche die Vorgänge des Verdunstens und des Verdampfens einer Salzlösung. Erkläre die Unterschiede.

11 Im folgenden Bild fehlen einige Teile einer Destillationsanlage. Zeichne das Bild ab und vervollständige es. Beschrifte die Anlage mit folgenden Begriffen: Wasserzulauf, Becherglas, Stehkolben, Salzwasser, Wasserdampf, Gasbrenner, destilliertes Wasser.

12 Warum ist bei einer Destillationsanlage Wasser zum Kühlen notwendig?

13 Erkläre den Begriff Gegenstromkühler.

14 Warum ist destilliertes Wasser zum Trinken nicht geeignet?

15 Wie kannst du ein Gemisch aus Sand und Salz mithilfe von Wasser trennen?

16 Warum musst du deinem Körper immer wieder mit der Nahrung oder mit Getränken Kochsalz zuführen?

17 Nenne Beispiele für Lebensmittel, die wegen ihres hohen Salzgehaltes nur in geringen Mengen verzehrt werden sollten.

18 Bei welcher Wasserprobe bleibt nach dem Eindampfen gleicher Mengen der geringste Rückstand?
A: Trinkwasser
B: destilliertes Wasser
C: Mineralwasser.

19 Begründe, warum Brennspiritus eine Lösung ist.

20 Erkläre die Bedeutung des abgebildeten Gefahrensymbols. Worauf musst du beim Umgang mit Stoffen achten, die mit diesem Symbol gekennzeichnet sind?

21 Weshalb solltest du für die Beschriftung von Gefriergut wasserfeste Stifte verwenden?

22 Erkläre, wie du ein Chromatogramm erstellen kannst.

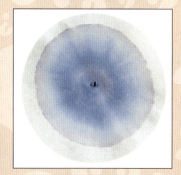

23 Nenne Beispiele, wo die Chromatographie eingesetzt wird.

24 Warum kannst du das Zubereiten von Tee und Kaffee auch als Extraktion bezeichnen?

25 Beim Zubereiten unserer Nahrung finden Extraktionen statt. Nenne Beispiele.

Kupfernugget

Malachit

Kupferkies

Die Gewinnung von Metallen aus ihren Erzen

1 Woher kommen die Metalle?

Eisen, Aluminium, Kupfer, Silber, Gold – es gibt viele Metalle, mit denen du täglich umgehst. Metalle sind wichtige Werkstoffe und dienen auch zur Herstellung von Schmuckstücken, besonders die Edelmetalle. Woher kommen eigentlich die Metalle? Wie wird zum Beispiel das Kupfer gewonnen?

Die Wirtschaftskarten im Atlas geben Auskunft über Lagerstätten von Kupfer. In Deutschland wirst du allerdings nicht viele finden. Große Lagerstätten gibt es jedoch in Nord- und Südamerika.

Doch was wird dort abgebaut? Nirgends ist Kupfer zu sehen. Die riesigen Fahrzeuge und Bagger haben eine Art Gestein geladen. Es ist Kupfererz. Daraus muss das Metall Kupfer erst noch gewonnen werden.

Die Gewinnung von Metallen aus ihren Erzen

1.1 Kupfer, das älteste Gebrauchsmetall

Viele Jahrtausende lang waren Holz, Stein, Knochen und Ton die wichtigsten Werkstoffe der Menschen. Aber schon früh wurden auch die Metalle *Kupfer* und *Gold* verwendet, denn diese Metalle konnten *gediegen*, das heißt als *reine Metalle* gefunden werden.

Das weiche Gold wurde vor allem zu Schmuck verarbeitet. Für den täglichen Gebrauch war jedoch das härtere Kupfer besonders begehrt. Daraus ließen sich Äxte, Sicheln und andere Werkzeuge herstellen.

Doch gediegenes Kupfer war sehr selten zu finden, obwohl es schon vor 10 000 Jahren erste Kupferbergwerke in Jericho und Anatolien gab. Sie konnten den Bedarf aber nicht decken. Noch wusste niemand, dass viel größere Kupfermengen in bestimmten bunten Steinen, den *Kupfererzen*, stecken.

1 *5000 Jahre alte Gegenstände aus Kupfer*

A1 Nenne Beispiele, wo das Metall Kupfer im Alltag und in der Technik verwendet wird.
A2 Suche in den Wirtschaftskarten im Atlas die Lagerstätten für Kupfererz.
V3 Vergleiche ein Stück Kupfererz mit einem Stück Rohsalz. Betrachte die Oberfläche der Proben und beschreibe die Unterschiede.
A4 Beschreibe die Gewinnung von Kochsalz aus Rohsalz. Warum lässt sich dieses Verfahren nicht zur Kupfergewinnung aus Kupfererz anwenden?

Die Metalle verbergen sich in ihren Erzen

Den Erzen ist es überhaupt nicht anzusehen, dass Metalle darin enthalten sind. Zerkleinern, Sieben, in Wasser Lösen – nichts bringt das Metall ans Licht.
Beim Rohsalz zum Beispiel ist das viel einfacher. Es ist ein *Gemisch* aus Salz, Verunreinigungen und Gestein. Daraus lässt sich das reine Kochsalz leicht herauslösen. Erze sind keine solchen Gemische und so konnten die Menschen gar nicht wissen, dass in bestimmten „Steinen" Metalle verborgen waren.

So wird es wohl eine zufällige Entdeckung gewesen sein: Irgendwann wurden Kupfererzbrocken zusammen mit Holzkohle erhitzt, vielleicht in einem besonders heißen Feuer oder in einem Töpferofen. Das Ergebnis, das nach dem Abkühlen zu Tage trat, war überraschend. An den Erzbrocken zeigte sich ein rötlich glänzendes Metall. So kam das Kupfer zum Vorschein.

Im Lauf der Zeit wurden dann immer neue Erze entdeckt, aus denen *Blei, Zinn, Eisen* und schließlich fast alle anderen heute bekannten Metalle gewonnen wurden.

2 *Kupfererz wird zerkleinert.*

> Kupfer ist der älteste metallische Werkstoff des Menschen. Es wird aus Kupfererz gewonnen.

1 Warum war gerade Kupfer das erste Gebrauchsmetall des Menschen?
2 Warum wird Schmuck aus Gold hergestellt?

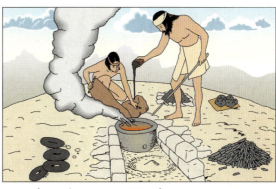

3 *Kupfergewinnung vor 5000 Jahren*

123

Die Gewinnung von Metallen aus ihren Erzen

1 Kupfererz wird erhitzt.

1.2 Kupfer aus Kupfererz

Wenn du aus Kupfererz Kupfer gewinnen willst, wirst du zunächst Schwierigkeiten haben. Auch wenn du das Erz mit einer starken Brennerflamme auf über 1100 °C erhitzt, lässt sich das Kupfer nicht „herausschmelzen", obwohl seine Schmelztemperatur nur 1083 °C beträgt.

Das ändert sich, wenn du ein Gemisch aus *Kupfererz und Holzkohle* erhitzt. Das Gemisch glüht auf, nach dem Abkühlen findest du viele kleine Kupferperlen. Durch diesen Vorgang, das Erhitzen von Erz *zusammen mit Holzkohle,* wurde das Kupfer plötzlich aus dem Kupfererz freigesetzt.

Das Kupfer ist im Kupfererz fest an andere Stoffe gebunden. Kupfererz ist ein eigener, einheitlicher Stoff. Es ist eine **chemische Verbindung.**
Eine solche Verbindung hat stets andere Eigenschaften als die Stoffe, aus denen sie zusammengesetzt ist. Deshalb zeigt Kupfererz weder die rötlich glänzende Oberfläche von Kupfer noch leitet es den elektrischen Strom. Chemische Verbindungen lassen sich auch nur durch bestimmte *chemische Umsetzungen* wieder in ihre Bestandteile zerlegen. Eine solche Umsetzung ist das Erhitzen von Erz im Gemisch mit Holzkohle.

V1 Zerkleinere Kupfererz, zum Beispiel Malachit. Erhitze es dann eine kurze Zeit lang kräftig in einem Porzellantiegel.
Beschreibe das Kupfererz vor und nach dem Erhitzen.
V2 Mische das Kupfererz aus V 1 mit Holzkohlepulver. Gib das Gemisch wieder in den Tiegel und verschließe ihn mit einem Porzellandeckel. Erhitze erneut kräftig. Schütte den Inhalt nach dem Abkühlen in eine Porzellanschale.
Beschreibe das Ergebnis dieses Versuches und vergleiche es mit V 1.
V3 a) Gib ein Gemisch aus 1 g gepulvertem Kupfererz (schwarzes Kupferoxid) und 0,3 g trockenem Holzkohlepulver in ein Reagenzglas. Verschließe das Reagenzglas locker mit einem kleinen Wattebausch und spanne es schräg in ein Gestell ein.
Erhitze das Gemisch mit der blauen Brennerflamme. Nimm den Brenner beiseite, wenn das Gemisch aufglüht.
b) Lass das Reagenzglas abkühlen und gib den Inhalt danach in eine Porzellanschale. Notiere deine Beobachtungen und beschreibe das Versuchsergebnis.

> Kupfererz ist eine chemische Verbindung. Um daraus Kupfer zu gewinnen, wird es zusammen mit Holzkohle erhitzt.

1 Was unterscheidet die Gewinnung von Diamanten oder Steinkohle von der Kupfergewinnung?
2 Das Titan wurde erst im Jahr 1910 entdeckt. Warum dauerte es bis in unsere Zeit, bis der Mensch alle heute bekannten Metalle gefunden hatte?

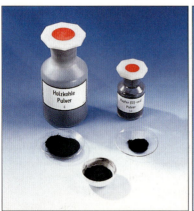

2 Ein Gemisch aus Kupfererz und Holzkohle wird im Reagenzglas erhitzt.

Die Gewinnung von Metallen aus ihren Erzen

1.3 Blei aus Bleierz

Auch das Schwermetall Blei war schon im Altertum ein wichtiges Gebrauchsmetall. Blei ist weich, also leicht zu bearbeiten und dabei widerstandsfähig und dauerhaft. Deshalb stellten schon die Römer vor über 2000 Jahren daraus Gefäße und Wasserleitungsrohre her.
Es ist jedoch seit langem bekannt, dass Bleistaub und viele bleihaltige Verbindungen giftig sind. Deshalb sollten Wasserleitungen aus Blei, die es in manchen alten Häusern immer noch gibt, unbedingt ersetzt werden.

Heute wird das meiste Blei, mehr als die Hälfte der weltweit erzeugten Menge, für die Herstellung von Kraftfahrzeug-Batterien verwendet. Außerdem werden Bleischürzen und Bleiblöcke zur Abschirmung von Röntgenstrahlung und radioaktiver Strahlung in Arztpraxen, Labors und Kernkraftwerken benötigt.

Bleierz ist ebenso wie das Kupfererz eine *chemische Verbindung*. Deshalb kann Blei aus Bleierz auf ähnliche Weise wie Kupfer aus Kupfererz gewonnen werden. Das *Bleierz* wird zusammen mit Holzkohle erhitzt. Auf diese Weise wird das im Bleierz fest gebundene Blei freigesetzt. Beim Erhitzen von reinem Bleierz ohne Holzkohle wird kein Blei frei.

> Um Blei zu gewinnen wird Bleierz zusammen mit Holzkohle erhitzt. Blei und die meisten Bleiverbindungen sind giftig.

1 Die Schmelztemperatur von Blei beträgt 327 °C. Warum lässt es sich nicht aus dem Bleierz herausschmelzen?

1 Bleierz

V1 Lehrerversuch: In einem Reagenzglas wird etwas pulverförmiges Bleierz (gelbes Bleioxid) unter dem Abzug vorsichtig erhitzt.
A2 Beschreibe den Versuch und vergleiche das Bleierz vor und nach dem Erhitzen.

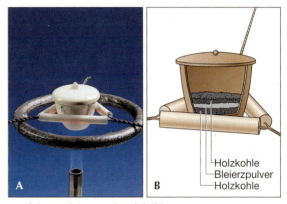

Holzkohle
Bleierzpulver
Holzkohle

2 Blei aus Bleierz und Holzkohle

3 Blei wird in Starterbatterien eingesetzt.

V3 Lehrerversuch: Um Blei aus Bleierz zu gewinnen, wird der Boden eines Porzellantiegels wie in Bild 2 B mit einer Schicht zerkleinerter Holzkohle bedeckt. Darüber werden fünf Spatelspitzen pulverförmiges Bleierz gleichmäßig verteilt. Darauf wird wieder eine Schicht Holzkohle gegeben. Der Tiegel wird mit einem Porzellandeckel abgedeckt und unter dem Abzug mit dem Gasbrenner etwa 10 Minuten lang kräftig erhitzt. Anschließend wird der Inhalt des Tiegels auf eine feuerfeste Kachel gegeben.
A4 Beschreibe das Ergebnis von V 3 und vergleiche es mit dem von V 1.

Die Gewinnung von Metallen aus ihren Erzen

Pinnwand — KUPFER UND BLEI

Kupfer

- Rötlich-braun glänzende Oberfläche
- Schmelztemperatur 1083 °C
- hart, aber gut verformbar, witterungsbeständig
- leitet sehr gut Wärme und elektrischen Strom
- wird hauptsächlich in der Elektrotechnik und für Gas- und Wasserleitungen verwendet
- Weltproduktion etwa 12 Millionen Tonnen pro Jahr

Für Kupferrohre und Kupferbehälter gibt es viele Anwendungsbereiche. Sie sind vor allem dort von Vorteil, wo Flüssigkeiten erwärmt oder gekühlt werden müssen.

Beim „Bleigießen" wurde Blei in einem Schmelzlöffel über einer Kerze geschmolzen und in kaltes Wasser gegossen. Für diesen Silvesterspaß wird heute das ungiftige Zinn verwendet, das schon bei 232 °C schmilzt. Aus den entstandenen Figuren lässt sich „Wahrsagen".

Blei

- dunkelgraue Oberfläche
- Schmelztemperatur 327 °C
- weich, sehr gut verformbar, witterungsbeständig
- giftiges Schwermetall
- wird hauptsächlich für Fahrzeugbatterien und zur Abschirmung von Röntgenstrahlen und radioaktiven Strahlen verwendet
- Weltproduktion etwa 3 Millionen Tonnen pro Jahr

Für die Abdichtung von Schornsteinen und Dachfenstern ist Bleiblech noch immer unübertroffen. Es ist leicht zu formen, dabei stabil und beständig gegen schädliche Umwelteinflüsse.

1 Informiere dich mithilfe eines Lexikons über weitere Verwendungen von Kupfer und Blei früher und heute.
2 Bleikristall enthält Blei und ist dennoch vollkommen ungiftig. Wie lässt sich das erklären?

Die Gewinnung von Metallen aus ihren Erzen

Auf einen Blick

1. Metalle sind seit vielen tausend Jahren wichtige Werkstoffe des Menschen.

2. Nur wenige Metalle werden als gediegene Metalle gefunden, zum Beispiel Gold in Form von Goldkörnchen.

3. Die meisten Metalle sind in metallhaltigen Gesteinen, den Erzen, enthalten. In den Erzen sind die Metalle nicht zu erkennen. Sie lassen sich auch nicht durch Schmelzen herauslösen, denn sie sind fest gebunden.

4. Durch chemische Verfahren lässt sich ein Metall aus seinem Erz gewinnen. Ein solches Verfahren ist das Erhitzen von Erz zusammen mit Holzkohle.

5. Zu den Metallen, die am längsten in Gebrauch sind und die bis heute vielseitig verwendet werden, gehören Kupfer und Blei.

6. Blei und viele bleihaltige Verbindungen sind giftig.

7. Die größten Lagerstätten für Kupfererz liegen in Chile. Das meiste Bleierz wird in Australien, in China und den USA abgebaut. In Deutschland gibt es keine Erzlagerstätten, deren Abbau sich noch lohnen würde.

Die Gewinnung von Metallen aus ihren Erzen

Prüfe dein Wissen

1 Warum waren gerade Gold und Kupfer die ersten Metalle, die die Menschen entdeckt und verwendet haben?

2 Woran liegt es, dass so wichtige Metalle wie Aluminium oder Titan erst in der Neuzeit entdeckt wurden?

3 Welche Ausgangsstoffe sind zur Herstellung von Kupfer nötig?

4 Wenn du Kupfer mit Steinen mischst, erhältst du kein Kupfererz. Begründe.

5 Auf welche Weise wird Blei aus Bleierz gewonnen? Beschreibe ein Verfahren.

6 Für die Gewinnung von Metallen wurden seit dem Altertum riesige Wälder geopfert, zum Beispiel in England und in den Mittelmeerländern. Nenne einen Grund dafür.

7 Suche in Wirtschaftskarten im Atlas Lagerstätten für Eisenerz und Bleierz.

8 Warum ist beim Umgang mit Blei und bleihaltigen Verbindungen besondere Vorsicht geboten?

9 Welche Metalle sind für die Elektrotechnik am wichtigsten?

10 Durch Bearbeiten mit einem Treibhammer lassen sich aus Kupfer- oder Silberblech Gefäße formen. Welche Eigenschaft der Metalle wird beim Treiben genutzt?

11 Welchen Vorteil für das Kochen haben Töpfe aus Kupfer?

Projekt Boden

Projekt: 30 cm von denen wir leben

Alle Pflanzen, von denen sich Tiere und Menschen ernähren, brauchen Boden, auf dem sie wachsen können. Boden ist wie Sonne, Wasser und Luft eine Lebensgrundlage.

Boden entsteht im Laufe von 10 000 bis 15 000 Jahren aus hartem Felsgestein. Hitze und Kälte sowie Wasser und Wind zerkleinern das Urgestein. Bodenorganismen unterstützen die physikalische und chemische Verwitterung. Das zersetzte Gestein bildet zusammen mit abgestorbenen Pflanzen und Tieren die Humusschicht. Sie ist die wichtigste Schicht für die Pflanzen und voller Leben. Eine Handvoll Humus bietet Lebensraum für Millionen Bakterien und Pilze, für Algen, Würmer, Schnecken und Insekten.

Die beiden oberen Bodenschichten spielen außerdem eine große Rolle bei der Reinigung des Regenwassers und der Abwässer. Das durch sie hindurchsickernde Wasser sammelt sich in porösen Schichten als sauberes Grundwasser.

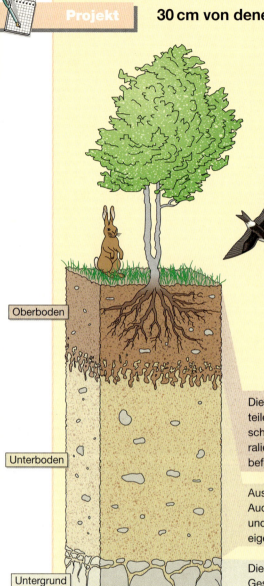

Oberboden: Die oberste Schicht besteht aus abgestorbenen und verrotteten Pflanzenteilen und Tieren. Sie bilden zusammen mit Gesteinsmaterial die Humusschicht, in der die Pflanzen wurzeln. Leicht lösliche Nährstoffe und Mineralien stehen den Pflanzen hier zur Verfügung. Fast alle Bodenlebewesen befinden sich in dieser Schicht.

Unterboden: Ausgewaschene Stoffe aus dem Oberboden sammeln sich im Unterboden. Auch Pflanzenwurzeln reichen bis in diese Schicht. Durch Regenwasser und Frost wird hier das Urgestein weiter zerkleinert. Dabei werden bodeneigene Nährstoffe freigesetzt und in den Oberboden transportiert.

Untergrund: Die unverwitterte Ausgangsschicht besteht aus festem Fels und lockerem Gestein. Sie ist arm an löslichen aber reich an zersetzbaren Nährstoffen. Aus diesem „Elterngestein" entwickelt sich das, was wir Boden nennen.

1 Aufbau des Bodens

In diesem Projekt untersucht ihr den Boden auf vielfältige Art. Ihr erfahrt etwas über die Stoffe, aus denen er sich zusammensetzt und über Stoffe, die für die Ernährung der Pflanzen wichtig sind. Außerdem untersucht ihr die Fähigkeit des Bodens, Wasser zu speichern und zu filtrieren. Ihr werdet auch Lebewesen der obersten Bodenschicht suchen und kennen lernen. Die Gefährdungen für den Boden zu erkunden und zusammenzustellen ist eine weitere wichtige Aufgabe in diesem Projekt.
Beschafft euch Informationen aus Büchern und Zeitschriften oder aus dem Internet. Befragt auch Landwirte und Förster. Achtet bei der Entnahme von Bodenproben darauf, dass ihr keine Schäden anrichtet. Auch Kleinstlebewesen müssen nach dem Betrachten zurückgebracht werden.

Projekt Boden

Gruppe 1: Bodenart und -temperatur

Die Zusammensetzung des Bodens und seine Temperatur sind wichtige Voraussetzungen für das Pflanzenwachstum.

Stecht mit einem Spaten einen Erdklumpen aus und nehmt eine esslöffelgroße Probe. Diese muss so lange mit wenig Wasser geknetet werden, bis kein Wasser mehr von der Probe aufgenommen wird. Anschließend führt ihr die Untersuchungen nach Bild 2 durch. Bestimmt und benennt verschiedene Bodenproben.

Die Pflanzen sind von der Blüte bis zur letzten Wurzelspitze unterschiedlichen Temperaturen ausgesetzt. Bei zu großen Unterschieden würden sie absterben. Fangt mit der Messung der Temperaturen an der Oberfläche an und messt dann jeweils fünf Zentimeter tiefer im Boden. Zeichnet Tiefen-Temperatur-Diagramme der Böden.

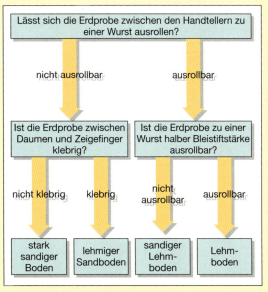

2 Bestimmung der Bodenarten

Gruppe 2: Bodenbestandteile

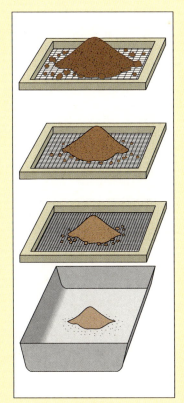

Mit Sieben und durch Aufschlämmen könnt ihr die Bestandteile des Bodens trennen und bestimmen. Fünf Sorten werden dabei unterschieden. Der gröbste Bestandteil ist Kies. Es folgen Sand und Schluff. Der Bestandteil mit den kleinsten Teilen ist der Ton. Schwimm- und Schwebstoffe aus der Humusschicht sind die fünfte Sorte.

Trennt trockene Bodenproben durch immer feinere Siebe. Beschreibt, was in den einzelnen Sieben hängen bleibt.
Gebt weitere Bodenproben zum Aufschlämmen in einen Standzylinder und verrührt sie mit etwa 300 ml Wasser. Vergleicht den Inhalt der Zylinder nach 10 Minuten und nach 1 Stunde.
Fertigt vergrößerte Zeichnungen der Inhalte der Standzylinder an und beschriftet sie.

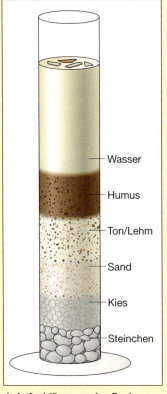

3 Sieben des Bodens

4 Aufschlämmen des Bodens

Projekt Boden

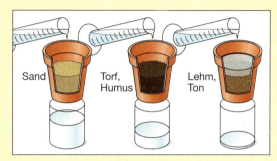

5 Boden speichert Wasser.

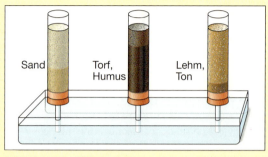

6 Boden saugt Wasser an.

Gruppe 3: Bodenfeuchtigkeit

Der Boden muss Wasser speichern können. Doch es darf nicht auf einer undurchlässigen Schicht stehen bleiben, denn ständig „nasse Füße" schaden den Pflanzen.
Legt über das Loch im Boden von Blumentöpfen je eine kleine Tonscherbe. Füllt die Töpfe dann wie in Bild 5 jeweils zur Hälfte mit verschiedenen Bodenproben. Gießt langsam einen halben Liter Wasser auf die verschiedenen Proben und messt die durchgelaufene Menge. Berechnet und vergleicht die in den Bodenproben gespeicherten Wassermengen.

Wie ein Schwamm sind Böden in der Lage, Wasser von unten her aufzunehmen. So steht es den Pflanzen für eine ausreichende Wasserversorgung zur Verfügung. Das ist eine der wichtigsten Voraussetzungen für das Wachsen von Pflanzen.
Verschließt drei weite Glasrohre mit je einem durchbohrten Stopfen, in dem ein kleines Glasrohr steckt (Bild 6). Füllt dann unterschiedliche Bodenproben ein und drückt sie leicht an. Bis zum Stopfen werden die Glasrohre dann in Wasser eingetaucht. Beobachtet, ob und wie weit Wasser in die Bodenproben aufsteigt. Beendet den Versuch nach 15 Minuten und notiert, wie hoch das Wasser aufgestiegen ist.

Gruppe 4: Bodenchemie

Kalk, Nitrate und Phosphate gehören zu den wichtigsten Nährstoffen für Pflanzen. Der pH-Wert zeigt den Kalkbedarf eines Bodens an. Je niedriger der pH-Wert, desto größer ist der Kalkbedarf. Die benötigten Mengen sind aber von Pflanze zu Pflanze unterschiedlich.
Bestimmt mit Indikatorpapier oder einem Boden-pH-Meter den pH-Wert verschiedener Böden.
Stellt den Nitrat- und Phosphatgehalt mit Teststreifen fest.

Erkundigt euch in einer Gärtnerei und einem landwirtschaftlichen Betrieb, welche Pflanzen auf den von euch untersuchten Böden gut wachsen würden.

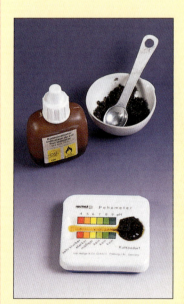

7 Bestimmung des pH-Wertes mit einem pH-Meter

8 Bestimmung des Nitratgehaltes mit Teststreifen

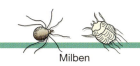 Milben
 Raubmilbe
 Fadenwurm

Projekt Boden

 Topfwurm

Gruppe 5: Bodenlebewesen

In einer Hand voll Erde aus der obersten Bodenschicht gibt es mehr Lebewesen als Menschen auf der Erde. Mehr als 6 Milliarden Bakterien, Pilze, Algen, Würmer, Insekten, Spinnen und Schnecken haben hier ihren Lebensraum.

Bakterien, Pilze, Algen, Einzeller und Fadenwürmer, die den größten Anteil ausmachen, sind nur mit einem Mikroskop zu sehen. Mit dem bloßen Auge oder einer Lupe entdeckt ihr Milben, Würmer, Schnecken, Spinnen, Asseln, Käfer und Larven.

Diese kleinen Lebewesen sorgen rund um die Uhr für neuen Humus. Sie fressen und zersetzen Pflanzenreste und lockern den Boden.

Um Bodenlebewesen beobachten zu können, müsst ihr Bodenproben der oberen Bodenschicht vorsichtig sieben. Im Frühling und im Sommer sind hier viele Lebewesen zu finden. Betrachtet sie mit einer Lupe und zeichnet einige. Bestimmt sie mithilfe eines Bestimmungsbuches.

Hinweis: Setzt alle Tiere nach der Beobachtung wieder ins Freie.

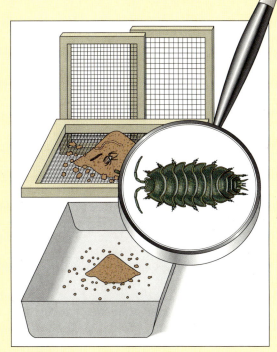
9 Fangvorrichtung für Bodentiere

Steinläufer

 Borstenschwanz
 Engerling
 Kugelassel
 Drahtwurm

Gruppe 6: Bodengefährdung und Bodenschutz

Die Nutzung des Bodens ist uns selbstverständlich und es sollte ebenso selbstverständlich sein, dass der Boden geschützt werden muss. Vielen wird das aber erst bei Unfällen bewusst, etwa wenn Dieselöl ausläuft. Verseuchten Boden zu reinigen ist sehr zeitaufwendig und kostet viel Geld.

Aber die hauptsächlichen Gefährdungen kommen nicht von Unfällen, sondern aus der alltäglichen Beanspruchung und übermäßigen Bewirtschaftung des Bodens. Beispiele dafür sind Verdichtung durch schwere Landmaschinen, Versiegelung durch zu viel Gülle, Vergiftung durch Pflanzenschutzmittel und sauren Regen.

Informiert euch über die Ursachen und Auswirkungen von Gefährdungen und stellt sie auf Plakaten dar.

Was können Landwirte, was kann jeder von uns tun, um den Boden zu schützen? Stellt auch diese Möglichkeiten auf Plakaten dar.

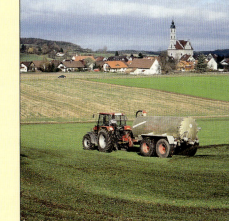
10 Gefährdung für den Boden

Wenigfüßer

Saftkugler

Mückenlarven

Ohrwurm

Schnurfüßer

Erdläufer

Springschwanz

Zwergfüßer

Kellerassel

 Doppelschwanz
 Rote Waldameise
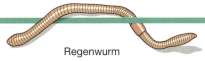 Regenwurm
 Käferlarve

Lösungen für „Prüfe dein Wissen"

Seite 15   Werkstoffe des Menschen

1 Holz, Stein, Ton, Metall
2 Handschuhe anziehen, Schutzbrille aufsetzen, Werkstück fest einspannen, vom Körper weg arbeiten, nie in Richtung anderer Personen arbeiten
3 Beil, Säge, Stecheisen, Hobel, Bohrer, Messer
4 a) Holzteile werden mit Schleifpapier geglättet.
b) Verschiedene Sorten Schleifpapier unterscheiden sich in der Körnung.
Schleifpapier mit einer groben Körnung wird bei Sägekanten eingesetzt, das Holz wird vorgeschliffen. Schleifpapier mit einer feinen Körnung glättet das Holz. Schleifpapiere mit sehr feinen Körnungen wird zum Polieren eingesetzt.
5 Basalt ist sehr hart und lässt sich gut bearbeiten.
6 Herausgesprengtes Naturgestein wird als Füll- und Schüttmaterial z. B. im Straßenbau oder bei der Küstenbefestigung eingesetzt.
7 a) Aus Marmor werden Treppenstufen, Fensterbänke, Wandvertäfelungen und Bodenfliesen hergestellt.
b) Die feine Maserung, die Farbvielfalt, Festigkeit und gute Polierbarkeit.
8 härter als Kieselstein: Glas, Marmor;
weicher als Kieselstein: Holz, Asphalt, Eisen, Aluminium
9 Eine geschliffene Ytong®-Fläche ist glatt aber grobporig und löcherig. Eine geschliffene Marmorfläche ist dagegen glatt wie eine Glasscheibe.
10 Feile, Bohrer, Säge, Schleifpapier
11 Biegen, Treiben, Ziehen, Walzen, Gießen

Seite 43   Eigenschaften von Körpern und Stoffen

1 – fester Körper z. B. Ziegelstein, Buch, Knochen
Feste Körper haben Masse und Volumen. Sie haben eine ganz bestimmte Form, die sich nicht verändert.
– flüssiger Körper z. B. Wasser in einer Badewanne, Milch in einer Milchtüte, Blut in den Adern
Flüssige Körper haben Masse und Volumen. Sie nehmen immer die Form des Gefäßes an, in dem sie sich gerade befinden.
– gasförmiger Körper z. B. Luft in der Lunge, Sauerstoff in einer Taucherflasche, Luftblasen im Wasser
Gasförmige Körper haben Masse und Volumen. Sie nehmen immer die Form des Gefäßes an, in dem sie sich gerade befinden und füllen den gesamten Raum aus.
2 Alle Gegenstände sind Körper. Sie können fest, flüssig oder gasförmig sein. Diese Körper bestehen aus Stoffen.
3 Der Rahmen besteht aus Stahl oder Aluminium. Der Reifen ist aus Gummi und das Innere des Schlauches enthält eine abgeschlossene Menge Luft.
Bei diesen Gegenständen handelt es sich um Körper, da sie eine Masse, ein Volumen und eine bestimmte Form haben.
4 a) Schranktür aus Holz, Metall, Kunststoff;
Fahrradrahmen aus Stahl, Aluminium
b) Holz für Regal, Bettgestell, Tischplatte;
Aluminium für Besteck, Kochtopf, Autokarosse
5 Alle Körper benötigen Platz und wo ein Körper ist, kann kein zweiter sein.
6 Quaderförmige Körper z. B. Ziegelstein, Paket, Taschenbuch, Dose, Streichholzschachtel
7 Mit der Differenzmethode oder der Überlaufmethode.
8 Dazu wird die Flüssigkeit in einen Messzylinder gegossen. Der Messzylinder steht auf einer waagerechten Fläche. In Höhe des Flüssigkeitsspiegels wird das Volumen abgelesen. Das Volumen einer Flüssigkeit wird in Liter (l), Zentiliter (cl) oder Milliliter (ml) angegeben.
9 – Mit der Differenzmethode: Ein Messzylinder wird mit so viel Wasser gefüllt, dass die Glaskugel vollständig untertauchen kann. Das Wasservolumen wird abgelesen. Die Kugel wird in den Messzylinder eingetaucht und der Wasserstand wird erneut abgelesen. Die Differenz der beiden Werte ergibt das Volumen der Glaskugel.
– Mit der Überlaufmethode: Ein Überlaufgefäß wird randvoll mit Wasser gefüllt. Unter den Ablauf wird ein Messzylinder gestellt. Die Glaskugel wird vollständig in das Überlaufgefäß getaucht. Das Volumen des verdrängten Wassers im Messzylinder entspricht dem Volumen der Glaskugel.
10 Die Glasflasche wird randvoll mit Wasser gefüllt. Mithilfe der Überlauf- oder Differenzmethode wird das Volumen dieser Flasche bestimmt. Das Volumen des Wassers in der Flasche wird mit einem Messzylinder bestimmt und von dem Gesamtvolumen subtrahiert. Die Differenz ergibt das Volumen des Glases, aus dem die Flasche besteht.
11 a) $12\,\text{ml} = 12\,\text{cm}^3$
b) $\varrho = \frac{m}{V} = \frac{94{,}8\,\text{g}}{12\,\text{cm}^3} = 7{,}9\,\frac{\text{g}}{\text{cm}^3}$
Der Körper besteht aus Eisen.
12 Die Masse.
13 Bei einer Waage ohne Anzeige wird die Masse des Körpers mit der Gesamtmasse von Wägestücken auf einer Balkenwaage verglichen.
14 110 g
15 Der Körper wird auf eine Seite der Tafelwaage gelegt. Auf die andere Seite kommen Wägestücke, bis die Waage im Gleichgewicht ist. Jetzt werden die Werte der einzelnen Wägestücke nur noch addiert und die Summe ergibt die Masse des Körpers.
16 Die Dichte eines Stoffes gibt an, wie viel Gramm 1 cm^3 des Stoffes wiegt.

17 $\varrho = \frac{m}{V} = \frac{7,5\,\text{kg}}{3\,\text{dm}^3} = \frac{7500\,\text{g}}{3000\,\text{cm}^3}$
$\varrho = 2,5\,\frac{\text{g}}{\text{cm}^3}$

18 Wenn trockener Sand angefeuchtet wird, werden die Hohlräume kleiner, er wird fester und kompakter. Das Volumen wird also kleiner und die Masse wird durch das dazugegebene Wasser größer. Damit ist die Dichte von nassem Sand größer.

19 Die Taschenlampe haftet zum Beispiel an Eisenblechen, Stahlstangen, Metallregalen, Metallschränken.
Magnete wirken nur auf Gegenstände, die aus Eisen, Nickel oder Cobalt bestehen oder diese Stoffe enthalten.

20 Vorteil: Ein Elektromagnet ist abschaltbar. Die magnetische Wirkung kann durch einen Eisenkern verstärkt werden.
Nachteil: Ein Elektromagnet ist abhängig von einer Stromquelle.

21 Ein Dauermagnet kann die Eisenteile nicht wieder loslassen, da der Magnetismus nicht abschaltbar ist.

22 a) Die Stellen mit der stärksten magnetischen Wirkung sind die Enden, die Pole.
b) rot: Nordpol; grün: Südpol.
c) und d)

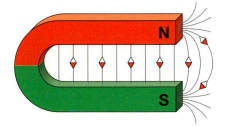

23 Ein Kompassgehäuse aus Eisen schirmt das Magnetfeld der Erde ab. Messing kann dagegen vom Magnetfeld der Erde durchdrungen werden, sodass das Magnetfeld der Erde die Kompassnadel beeinflussen kann.

24 Ein Kompass besteht aus folgenden Teilen:
– Gehäuse mit Kimme und Korn. Sie dienen dem Anvisieren eines Zieles in der Landschaft.
– Windrose. Hier sind die Himmelsrichtungen und die Missweisungsmarke aufgetragen.
– Kompassnadel mit Lagerung. Sie zeigt immer in Richtung Norden.
– Einstellring. Hier sind die Marschzahlen aufgetragen.
Mit einem Kompass können die Himmelsrichtungen bestimmt werden, da die Kompassnadel immer die Nord-Süd-Richtung anzeigt.

25 Kompass 2, 3, 4, 5

26 Am geografischen Nordpol liegt ein magnetischer Südpol. Da sich ungleichnamige Pole anziehen, zeigt der Nordpol der Magnetnadel nach Norden zum magnetischen Südpol der Erde.

27 Der Schraubendreher befindet sich im Magnetfeld der Erde und wird dadurch magnetisch.

Seite 55 Müll – ein Problem unserer Zeit

1 Möglichkeiten der Müllvermeidung sind
– Pfandflaschen und -gläser kaufen;
– Obst und Gemüse lose anstatt abgepackt kaufen;
– Artikel meiden, die aufwendig verpackt sind;
– Einkaufstasche zum Einkauf mitnehmen.

2 a) Milch in Pfandflasche
– Vorteile: Weniger Müll durch Wiederverwendung und Wiederverwertung: Glas kann beliebig oft eingeschmolzen und wieder verarbeitet werden.
– Nachteile: Wasser- und Energiebedarf beim Reinigen der Glasflaschen
b) Milch in Kartonverpackung
– Vorteile: Weniger Gewicht und Platz sparendes Packen beim Transport
– Nachteile: Kartonverpackungen sind nur einmal zu verwerten. Sie werden zwar als Verbundstoff wieder verwertet, aber nur als anderes Produkt.

3 Ein großer Teil des Mülls besteht aus Stoffen, die noch einen Wert haben, das heißt, die wieder verwertbar sind. Dazu zählen zum Beispiel Papier, Dosen, Kunststoffe, Glas.

4 Kunststoffe: Plastiktüten, Jogurtbecher, Plastikflaschen, Gefrierbeutel;
Papier: Zeitungen und Zeitschriften, Schulhefte, Mehltüten;
Glas: Essigflasche, Konservengläser, Getränkeflaschen;
Metalle: Konservendosen, Deckel von Konservengläsern, Getränkedosen, Alufolie.

5 Restmüll wird deponiert oder in einer Müllverbrennungsanlage verbrannt.

6 Elektromagnete sortieren diese Metallteile heraus.

7 Medikamente, Ölfarben, Batterien
Anmerkung: Medikamente gelten nicht überall als Sondermüll.

8 – Vorteile: Es wird weniger Deponieraum benötigt. Der heiße Dampf, der entsteht, wird zur Erzeugung von Elektrizität und Wärme benutzt.
– Nachteile: Bei der Verbrennung von Müll entstehen sehr große Abgasmengen. Trotz aufwendiger Abgasreinigung werden dabei noch erhebliche Schadstoffmengen in die Luft abgegeben.

Lösungen

Seite 85 Temperatur und Wärme

1 An einem kalten Tag empfinden die Fühlpunkte der Haut die Luft im Keller als warm, da die Luft draußen kälter ist. Im Sommer empfinden die Fühlpunkte der Haut die Luft im Keller als kühl, da die Luft draußen wärmer ist. Unser Temperaturempfinden hängt von den Vorerfahrungen ab.

2

3 a) Ein Thermometer ist ein Messgerät, das die Temperaturen misst.
b) Ohne Skala könnten keine Werte für die gemessene Temperatur abgelesen werden.

4 Die Thermometerflüssigkeit bewegt sich im Steigrohr, da sich die Flüssigkeit beim Erwärmen ausdehnt und beim Abkühlen zusammenzieht.

5 Gefrierpunkt 0 °C und Siedepunkt von Wasser 100 °C; Fixpunkte sind notwendig, damit überall auf der Welt Thermometer gebaut werden können, die die gleiche Skala besitzen. Sonst würden für gleiche Temperaturen verschiedene Werte angegeben werden.

6 Um 11 Grad.

7 Wärme, Licht, elektrische Energie, chemische Energie, Bewegungsenergie

8 Wärmequellen wandeln z. B. mechanische, elektrische oder chemische Energie in Wärme um. Sie sind Energiewandler.

9 Der Lötkolben ist die Wärmequelle. In ihm wird elektrische Energie in Wärme umgewandelt. Dabei erhöht sich die Temperatur der Lötkolbenspitze. Wird die Spitze auf das Lötzinn und den Draht gehalten, erwärmen sich beide. Das Lötzinn wird flüssig. Wird der Lötkolben weggenommen, erstarrt das Lötzinn und der Draht ist fest verlötet.

10 Die Wärmequelle ist der Kopf und die Wärme strömt vom Kopf zum Eis. Dabei wird chemische Energie in Wärme umgewandelt. Das Eis wird mit der Zeit flüssig.

11 A

12 Ein Zeit-Temperatur-Diagramm ist ein Schaubild, in dem die Temperaturen eingezeichnet sind, die an einem Ort zu bestimmten Zeiten gemessen wurden.

13 a) 54 °C, 78 °C, 90 °C, 97 °C
b) nach 1 Minute, nach 3 Minuten, nach 5 Minuten

14 a) In B, da sich nur beim Erstarren von Wasser die Oberfläche nach oben wölbt.
b) Wachs

15 Wasser dehnt sich zwischen 4 °C und 0 °C aus. Damit würde ein Thermometer, dass mit Wasser gefüllt wäre, zu hohe Temperaturen anzeigen. Bei 0 °C würde das Wasser im Steigrohr einfrieren.

16 Holz dehnt sich beim Erwärmen aus. Die Möbel werden nicht gleichmäßig erwärmt, vorne meistens stärker als hinten an der Wand. Deshalb verziehen sich die Möbel und knacken.

17 Das Glas wird durch den heißen Tee innen sehr schnell erwärmt und dehnt sich aus. Außen bleibt es kalt und dehnt sich nicht mit aus. Deshalb zerspringt es.

18 Das Plastik dehnt sich beim Einschütten des heißen Wassers aus. dadurch wird die Flasche ein bisschen höher. Folglich erscheint der Wasserspiegel zu sinken. Zusätzlich zieht sich das Wasser beim Abkühlen zusammen, sodass der Wasserspiegel nach längerer Zeit wirklich absinkt.

19 a) An der Bimetall-Spirale befindet sich der Zeiger des Thermometers. Wird die Spirale durch die Luft erwärmt, dehnt sich die Spirale aus und der Zeiger bewegt sich nach oben. Er zeigt eine höhere Temperatur an. Wird die Luft kühler, zieht sich die Bimetall-Spirale zusammen. Der Zeiger bewegt sich nach unten. Er zeigt eine niedrigere Temperatur an.
b) Für das Messen von Temperaturen wird eine Skala benötigt. Diese kann mithilfe eines Vergleichsthermometers auf dem weißen Streifen des Modells aufgetragen werden.

20 Alkohol (Spiritus)

21

(....gasförmig....)
Wasserdampf

Siedetemperatur 100 °C — verdampfen / kondensieren — Kondensationstemperatur 100 °C

Wasser (..flüssig..)   Wasser (..flüssig..)

schmelzen / erstarren

Schmelztemperatur 0 °C   Eis (fest)   Erstarrungstemperatur ..0.. °C

Seite 101 Wärme transportieren und speichern

1 An den unterschiedlichen Färbungen der Hauswand auf der Spezialaufnahme.

2 Durch nachträgliche Dämmung lassen sich Energielecks beseitigen.

3 a) Holz, Kohle, Erdgas, Heizöl, Biogas
b) Stroh, Holz, Kohle
c) Erdgas, Heizöl

4 B – E – D – A – C

5 Elektrizität wird zur Zündung des Brennstoffs, zur Regelung der Geräte und zum Betrieb der Pumpen benötigt.

6 a) Wärmeleitung, Wärmemitführung, Wärmestrahlung
b) – Wärmeleitung: Wärme geht von den heißen Flammen über die Metallrohre auf das Wasser über. Die heiße Herdplatte erhitzt den Kochtopf.
– Wärmemitführung: Das heiße Wasser transportiert die Wärme vom Heizkessel zum Heizkörper. Luft erwärmt

sich am Heizkörper und transportiert die Wärme in den Raum.
– Wärmestrahlung: In unmittelbarer Nähe des Heizkörpers spürst du die Wärme. Hände können seitlich an einer Kerzenflamme erwärmt werden.
c) durch Dämmmaterialien, Metallfolien

7 Jeder Baustoff leitet Wärme. Dies bedeutet, dass die Wärme mehr oder weniger schnell vom Inneren eines Gebäudes nach außen gelangt. Dieser Wärmeverlust führt zur Auskühlung des Gebäudes. Er muss durch Beheizung ausgeglichen werden.

8 Glaswolle, Steinwolle, Zellulosedämmstoff, Styropor®, PU-Schaum, Schafwolle, verschiedene Holzfaserplatten, Schaumglas

9 Dämmstoffe sind Materialien, die schlecht Wärme leiten. Zusätzlich enthalten sie alle eingeschlossene Luft. Luft ist ein sehr schlechter Wärmeleiter.

10 Menschen legen dicke Kleidung an, z. B. Mäntel, Handschuhe, Mützen, Fellschuhe usw. Tiere bekommen im Winter ein dickes Winterfell. Viele Tiere verbringen die kalte Jahreszeit in einer geschützten Höhle und schlafen oder sie graben sich so tief ein, dass sie kein Frost erreicht.

11 Du kannst dich im Schwimmbad abkühlen und leichte, helle Kleidung tragen. Im Schatten ist es kühler als in der Sonne.

12 Der menschliche Körper gibt ständig Wärme ab. Sind viele Personen in einem Raum, erwärmen sie die Luft im Raum.

13 Wasser kann sehr viel Wärme speichern. So dauert es auch länger, bis die Wärme wieder abgegeben ist.

14 Fett kann viel weniger Wärme speichern als Wasser. Daher kühlt es deutlich schneller aus.

15 Tomaten enthalten viel Wasser. Wasser kann sehr viel Wärme speichern, die Nudeln weniger. Wasser braucht somit auch viel länger, bis es die Wärme wieder abgegeben hat. Dadurch bleiben die wasserhaltigen Tomaten lange heiß.

16 Für Kachelöfen werden Schamottesteine benutzt. Sie können viel Wärme speichern. Sie brauchen lange, bis sie ausgekühlt sind, auch wenn das Feuer nicht mehr brennt.

17 Ein Sonnenkollektor dient zur Warmwasserbereitung für Küche und Bad. In einem dunkel eingefärbten Röhrensystem befindet sich Wasser. Die Sonne erwärmt das Wasser. Dieses wird in einen Pufferspeicher transportiert und steht so als warmes Wasser zur Verfügung.

Seite 121 Stoffgemische und Trennverfahren

1 Gewinnung aus Steinsalz, aus Sole, aus Meerwasser

2 Abgießen von Nudeln, Sieben von Mehl

3 Suspensionen: Beton, Teichwasser, kakaohaltiges Getränk
Lösungen: Zitronenlimonade, Essigreiniger, Parfüm

4 A: Dekantieren; B: Sedimentieren

5 Suppe ist eine Suspension, in der sich beispielsweise die Nudeln absetzen, wenn sie länger stehen bleibt. Damit jeder etwas von den Einlagen bekommt, muss sie vor dem Austeilen umgerührt werden.

6 Das Wasser in der Pfütze ist eine Aufschlämmung. Nach einer bestimmten Zeit sedimentieren die festen Teilchen am Boden. Es bildet sich ein Sediment. Das Wasser, das darüber steht, wird klar. Beim Hineintreten wird das Sediment aufgewühlt. Es entsteht wieder eine Suspension, in der alle festen Teilchen gleichmäßig verteilt sind. Das Wasser in der Pfütze ist trüb. Der Vorgang beginnt neu. Die festen Teilchen der Suspension sedimentieren. Das Wasser über dem Sediment wird wieder klar.

7 Sedimentgestein leitet sich von dem Wort Sediment ab. Steht eine Suspension sehr lange, setzt sich die festen Bestandteile ab. Das Wasser, das darüber steht, wird klar. Es kann verdunsten. Die festen Teile bleiben zurück. Sie können miteinander über einen längeren Zeitraum zu Gestein verbacken.

8 In einer Salzlösung ist das Salz in Wasser so fein verteilt, dass die einzelnen Bestandteile nicht mehr zu erkennen sind. Die Salzteilchen sind so klein, dass sie durch die Filterporen des Filterpapiers hindurchgehen.

9 Luftfilter: Er reinigt die Luft, indem er die Staub- und Schmutzteilchen zurückhält.
Ölfilter: Er reinigt das Öl von Schmutzteilchen.
Benzinfilter: Er reinigt das Benzin von Schmutzteilchen, die sich im Tank abgesetzt haben.

10 Beim Verdampfen einer Salzlösung wird ständig von außen Wärme zugeführt. Es bleibt eine weiße Schicht von Salzkristallen zurück. Der Vorgang des Verdunstens einer Salzlösung läuft langsamer ab, da das Wasser nur durch die Wärme der Sonne oder die Wärme der Luft im Zimmer verdunstet. Es bleiben regelmäßig geformte, weiße Salzkristalle zurück.

11

12 Bei der Destillation von Salzwasser wird zum Beispiel der feste Stoff Salz vom flüssigen Stoff Wasser getrennt. Das Wasser verdampft dabei. Um es zurückgewinnen zu können, muss es wieder abgekühlt werden, damit es kondensiert.

Lösungen

13 In einem Gegenstromkühler strömt das Kühlwasser der schon teilweise abgekühlten und kondensierten Flüssigkeit entgegen. Auf diese Weise trifft das kälteste Kühlwasser mit der schon teilweise abgekühlten Flüssigkeit zusammen. So kann der gesamte Dampf kondensiert werden.
14 Destilliertes Wasser enthält keine Mineralien mehr. Mineralstoffe braucht unser Körper, um wichtige Lebensfunktionen aufrecht zu erhalten.
15 Das Gemisch aus Sand und Salz wird in Wasser gegeben. Durch längeres Umrühren löst sich das Salz in Wasser. Durch längeres Stehenlassen sedimentiert der Sand. Durch Dekantieren der Salzlösung lässt sich der Sand gewinnen. Das Salz kann durch das Eindampfen der Salzlösung gewonnen werden.
16 Kochsalz ist als Nahrungsmittel für unseren Körper lebensnotwendig. Es spielt eine wichtige Rolle bei der Muskeltätigkeit und bei Vorgängen im Nervensystem.
17 Kartoffelchips, Salzstangen, Salzbrezeln, Laugengebäck, Erdnussflips
18 B
19 Brennspiritus hat einen Alkoholgehalt von etwa 94%. Beim Destillationsvorgang ist auch Wasserdampf kondensiert, der im Brennspiritus zu einem geringen Teil enthalten ist. Brennspiritus ist eine Lösung aus Alkohol und Wasser.
20 Das Gefahrensymbol bedeutet „leichtentzündlich". Die Behälter sind dicht geschlossen und an einem gut gelüfteten Ort aufzubewahren. Er muss von Lebensmitteln ferngehalten werden. Weiter muss er vor Hitze, von Zündquellen und brennbaren Stoffen ferngehalten werden.
21 Beim Auftauvorgang kann Wasserdampf aus der Luft am Gefriergut kondensieren und zu Wasser werden. Dieses Wasser würde die Beschriftung mit wasserlöslichen Stiften unlesbar machen, weil die Farbe des Stiftes sich in seine Bestandteile zerlegen würde.
22 Wasserlösliche Farbe wird auf die Mitte eines Rundfilters aufgetragen. Ein Docht aus Filterpapier wird durch den Farbklecks gesteckt. Der Docht wird in eine mit Wasser gefüllte Schale gesteckt.
23 Kriminaltechnik: Beweisführung bei Fälschungen von Testamenten, Urkunden, Scheckbetrug
24 Sowohl bei der Tee- als auch bei der Kaffeezubereitung werden nicht nur Aromastoffe extrahiert sondern auch Farbstoffe. Von beiden Stoffen werden Farbstoffe vom Wasser gelöst.
25 Kochen von Suppen, Kochen von Gelees, Säften, Anbraten von Fleisch

Seite 127 Die Gewinnung von Metallen aus ihren Erzen

1 Gold und teilweise Kupfer kommen gediegen vor und sind deshalb leicht als Metalle zu erkennen.
2 Aluminium und Titan sind in ihren Erzen fest gebunden und deshalb nicht als Metalle zu erkennen.
3 Kupfererz (Kupferoxid) und Holzkohle (Kohlenstoff).
4 Kupfererz ist kein Gemisch aus Kupfer und Steinen. Das Kupfer ist im Kupfererz chemisch gebunden.
5 Bleierz (Bleioxid) wird mit Holzkohle gemischt und in einem feuerfesten Gefäß erhitzt.
6 Für die Gewinnung von Metallen aus Metallerzen wurden große Mengen an Holzkohle benötigt. Zur Herstellung der Holzkohle wurden die Wälder abgeholzt.
7 Eisenerzlagerstätten in China, Brasilien, Australien, Russland, Indien, USA
Bleierzlagerstätten: Australien, China, USA, Peru
8 Blei und Bleiverbindungen sind giftig.
9 Kupfer, Silber, Aluminium, Gold
10 Die plastische Verformbarkeit und Zähigkeit der Metalle.
11 Da Kupfer ein sehr guter Wärmeleiter ist, leiten sie die Wärme besonders schnell vom Herd in die Speisen.

Stichwortverzeichnis

A

Abgasreinigung 54
Abkühlen 61, 76
Abschirmung 31
absoluter Temperatur-
 Nullpunkt 67
adsorbieren 118
Aggregatzustand 78 ff.
–, flüssiger 78 f.
–, fester 78 f.
–, gasförmiger 78 f.
Aktivkohle 114, 118
Anomalie 68 f.
Anziehung
–, magnetische 24
Aufschlämmen 103, 130
Ausdehnung bei Erwär-
 mung 64, 70, 76
Auslesen 49, 106
Autobatterie 115, 125

B

Balkenwaage 20
Barometer 82
Bewegung 62 f.
Bewegungsenergie 62
Biegen 12
Bimetall 74 ff.
– Schalter 75
– Streifen 74
– Spirale 74
– Thermometer 74
Biotonne 50
Blei 123 ff.
Bleierz 125 f.
Bleigießen 13, 126
Boden 128 ff.
– Art 129
– Bestandteile 129
– Chemie 130
– Feuchtigkeit 129
– Gefährdung 131
– Lebewesen 131
– pH-Meter 130
– Schutz 131
– Temperatur 129
Branntwein 114
Brennspiritus 114
Brennstoff 87
Briefwaage 20
Bügelmagnet 25

C

CELSIUS, ANDERS 65
Celsius-Skala 65
Chlorophyll 119
Chromatogramm 116 ff.
Chromatographie 117
Cobalt 24

D

Dämmstoff 90, 98
Dauermagnet 25
Dehnungsfuge 72
Dekantieren 104 ff.
Deponieraum 47
Destillat 113
Destillation 112 ff.
– Apparatur 113, 115
Destillieren 113, 114
Dichte 22, 40, 49
Differenzmethode 19
Dilatometer 71
Duales System 46
Durchdringungsfähigkeit
 30

E

Eindampfen 105
Einwegverpackung 45
Eisen 24, 123
Eisenkern 26
Elektrizität 60, 62
Elektro-Backofen 96
Elektromagnet 26, 49
Empfinden von Tempera-
 turen 57
Energie 60 ff., 86
–, atomar 61 f.
–, chemisch 61 f.
–, elektrisch 61 f.
–, mechanisch 61 f., 87
Energieerhaltung 95
Energieform 61
Energieleck 86
Energiesparen 62
Energieträger 87
Energieumwandlung 87
Energiewandler 61
Erde 34
Erosion 69

Erstarren 81
Erstarrungstemperatur
 79
Erwärmen 61, 76
Extrahieren 119
Extraktion 119
Extraktionsmittel 119

F

Fahrenheit-Skala 67
Feldlinien
–, magnetische 29
Fernwärmenetz 54
Feuerstelle 8
Filter 104
Filterporen 104
Filtrat 104
Filtrieren 104 ff. 114
Fixpunkt 65
Fleckentfernung 119
Fließmittel 116
Frieren 92
Fühlpunkt 57

G

Gasbrenner 10
Gasthermometer 76
gediegen 123
Gefrierpunkt 79
Gegenstromkühler 113
Gewerbesalz 109
Gießen 13
GILBERT, WILLIAM 34
Glasrecycling 51
Gold 123
Größe 18
Grüner Punkt 46

H

Härte 40
Heißluftballon 77
Heizkessel 88
Hohlmaß 19
Holz 7 f.
– Bearbeitung 8
Holzkohle 124, 125
Hufeisenmagnet 25
Hygrometer 82

I

Industriesalz 109
Isolierkanne 95

K

Kartuschenbrenner 11
KELVIN, WILLIAM 67
Kelvin-Skala 67
Kochsalz 102, 108
Kochsalzlösung, physio-
 logische 108
Kompass 35, 37, 41
Kompassnadel 35 f.
Kompostieranlage 44
Kondensationstemperatur
 80
Kondensieren 80 f., 112 f.
Körper 16 ff.
–, fest 17
–, flüssig 17
–, gasförmig 17
Körpertemperatur 92, 99
Kristall 107
Kühlflüssigkeit 97
Kühlschrank 97
Kunststoff 51
Kupfer 123 ff.
–, gediegenes 123
Kupfererz 122 ff.
Kupfergewinnung 123 f.

L

Längenausdehnung 71 f.
Laufgewichtswaage 21
Licht 62 f.
Liebig-Kühler 113
Lösen 103
Lösungsmittel 103
Löten 12
Luftdruck 82
Luftfeuchtigkeit 82
Lufttemperatur 82
Luftzirkulation 89

M

Magnet 24 f.
Magnetfeld 29

Stichwortverzeichnis

Magnetisierbarkeit 40
Magnetkran 27
Marmor 9
Masse 20
– Einheiten 21
Massenvergleich 20
Meersalz 110
Messbecher 23
Messwert 66
Metall 12, 40, 122 f.
– Bearbeitung 12
Mikrowellen-Gerät 96
Minimum-Maximum-
 Thermometer 82
Missweisung 36
Müll 44
Mülldeponie 44, 47, 54
Müllfraktion 49
Müllsammlung 51
Müllsortieranlage 48
Müllverbrennungsanlage
 44, 47, 54
Müllverdichtung 47

N

Nichtmetall 40
Nickel 24
Niedrigenergiehaus 90
Nordpol 32
Nord-Süd-Richtung 32, 35

O

Oberboden 128

P

Paketwaage 21
Papier,
– Chromatographie 116
– Herstellung 52
– Recycling 51
–, selbstgeschöpftes 52
Personenwaage 20
pH-Wert 130
Pol 28, 33 f.
–, gleichnamig 33
–, ungleichnamig 33
Pol-Regel 33
Probekörper 23

Pufferspeicher 94
Pumpe 88

R

Raumluft-Thermostat 75
Recycling 49
Regenmenge 83
Regenmesser 83
Reibung 60
Restmüll 44, 47, 50
Richtungsanzeiger 32
Rohsalz 102
Rückstand 104

S

Salz
– Bergwerk 109
– Gewinnung 105, 110
– Kristall 105
– Lagerstätten 109
– Straßen 109
Schamottestein 94
Schaubild 66
Schleifpapier 8
Schmelzen 81
Schmelzpunkt 65
Schmelztemperatur 78
Schmieden 12
Schwitzen 92
Sediment 103
Sedimentieren 103, 106
Sieben 103, 106, 129
Sieden 111
Siedepunkt 65
Siedesalz 105
Siedetemperatur 78
Silicium 107
Skala 58
– nach Celsius 65
– nach Fahrenheit 67
– nach Kelvin 67
– von Thermometern 58
Sole 102
Sondermülldeponie 50
Sonnenkollektor 94
Speicher 88
Speisesalz 109
Starterbatterie 125
Stabmagnet 25
Steckbrief 50

Steigrohr 58
Stein 7 ff.
– Bearbeitung 9
Steinbruch 9
Steinsalz 103, 110
Stoff 17
Stromkreis 26
Südpol 32
Suspension 103

T

Teilchenmodell 81
Temperatur 56 f.
– Erhöhung 61
– Erniedrigung 61
Thermometer 58 f.
– Bimetall-T. 74
– Flüssigkeit 58
– Minimum-Maximum-T.
 82
– Skala 58
Thermostat 75
THOMSON, WILLIAM 67
Ton 7
Treiben 12
Trennverfahren 106

U

Überlandleitung 73
Überlaufmethode 19
Unterboden 128
Untergrund 128
Urkilogramm 20

V

Verbindung
–, chemisch 124 f.
Verbrennung 60
Verbundverpackung 51
Verdampfen 80 f., 113
Verdunsten 105
Verformbarkeit 40
Volumen 18
– Änderung 64, 76
– Einheiten 18
VON LIEBIG, JUSTUS 113
Vorgang, chemischer 60
Vorratsbehälter 58

W

Waage 20 ff.
Wägesatz 21
Wägestück 20
Walzen 12
Wärme 56, 60 ff., 86
– Dämmung 90 f., 97 f.
Wärmeleitung 89, 95 f.
Wärmemitführung 89,
 95 f.
Wärmequelle 60
Wärmespeicherung 94
Wärmestrahlung 89, 95 f.
Wärmetauscher 88
Wärmetransport 89
Wärmeverlust 86
Warmwasserspeicher 94
Wasser
–, destilliertes 113
Wechselwirkung
–, magnetisch 33
Wertstoff 44
Wertstofftonne 48
Wetter
– Beobachtung 82
– Beschreibung 83
– Vorhersage 82
Windrichtung 83
Windrose 36, 41
Windsichter 49
Windstärke 83
Wolken 83
Wolkenform 83

Z

Zeit-Temperatur-
 Diagramm 66
Zentralheizung 87 f.
Ziehen 12
Zinn 123
Zustandsänderung 81